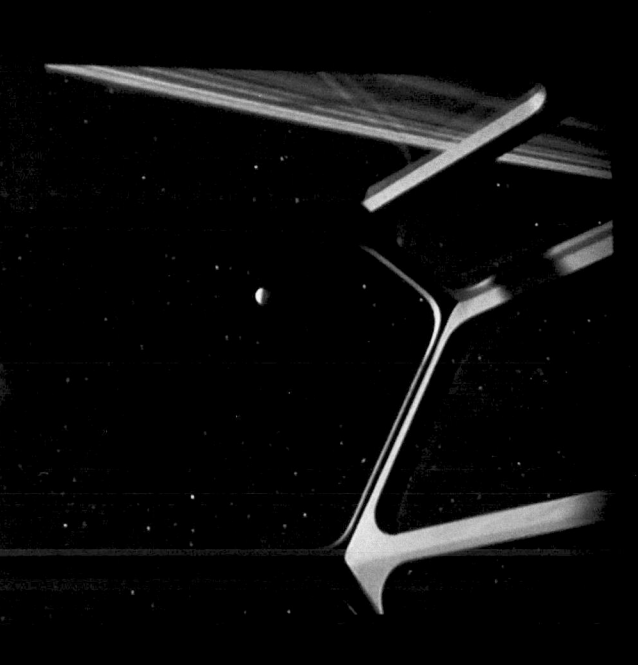

[Volte expanded #4]

ÜBERFAHRT

[Spector Books]

Michael Disqué

Roman Ehrlich

Ich trug an Bord meines Schiffes die Götter der Zukunft

Heinrich Heine

Ein Wolkenbruch von Hemmungen und Schwäche brach auf ihn nieder. Denn wo waren Garantien, dass er überhaupt etwas von der Reise erzählen könnte, mitbringen, verlebendigen, dass etwas in ihn träte im Sinne des Erlebnisses?

Gottfried Benn

Knoten

In Erwartung der Ankunft des Schiffes.

Das Schiff, das die beiden Künstler im Containerhafen der Stadt Hamburg als seine einzigen
Passagiere auf der Fahrt nach China an Bord
nehmen wird, verspätet sich.

Die beiden Künstler kommen unter in einem
Hotel, das nach dem Stillen Ozean benannt und
an einer Hauptverkehrsstraße gelegenen ist,
im Stadtteil Sankt Pauli, wo es ein Jahr zuvor zu
Protesten, schweren Ausschreitungen, Sach-
beschädigungen, Übergriffen, Verletzungen,
Rechtsbrüchen, Missachtung und übertriebener
Härte, zivilem Ungehorsam, Gewalt, Ignoranz
und Verhärtung anlässlich des Gipfeltreffens
der zwanzig wichtigsten Industrie- und Schwel-
lenländer der Erde gekommen ist. Vereinzelte
Transparente im Stadtteil fordern auch in diesem
Folgejahr noch die Übernahme politischer
Verantwortung, personelle Konsequenzen und
Eingeständnisse der Schuld an der Eskalation.

Am 7. Juli 2017 organisiert das Aktionsbündnis
Ums Ganze unter dem Motto „Die Logistik des
Kapitals lahmlegen" eine Blockade der Zufahrts-
straßen zum Hamburger Containerhafen. Ein-
tausend Menschen versperren die Wege zu den

Schiffen und, in Gegenrichtung, den Weitertransport der eingetroffenen Container ins
Landesinnere. Die Überzeugung des Aktions-
bündnisses ist, dass der Protest gegen die
Politik der Teilnehmer am Gipfeltreffen dort
die höchste Effektivität entfalten wird, wo sich
diese Politik ganz konkret manifestiert. Die
Container auf den Schiffen, im Hafen, auf den
Lkws und Güterzügen, deren Weitertransport
sich verzögert, dienen den Protestierenden
als Symbol, gerade aufgrund ihrer banalen, unter-
komplexen, materiellen Konkretion. Welthandel, Kapitalismus, globale Ungleichheit,
miserable Arbeitsbedingungen, Handelskriege,
Kolonialismus, Verschmutzung der Meere
und der Atmosphäre, Ignoranz, Gier, Warenfetisch – die an sich minimalistische Form
des Containers, der blanke Quader, ist durch
seine inhärente Schweigsamkeit maximal
anschlussfähig für alle möglichen Abstraktio-
nen. Das Motiv eines aus dem unteren Bildrand
herausragenden Containerschiffes auf hoher
See, vor sich nur Meer, Horizont und Himmel,
ist unmöglich einfach nur wahrzunehmen
als das, was abgebildet ist. Es ist immer auch
Illustration des Welthandels, mit all den eupho-
rischen und infernalischen Untertönen, die
das Konzert seiner Wahrnehmung durch die
Menschen begleiten, Sinnbild für die Unterwer-
fung der Welt und ihrer Gewalten, gesteuert
von der sogenannten *unsichtbaren Hand* – ultimative Metapher für Prozesse, die sich der Ein-

flussnahme der Einzelnen entziehen, obwohl
sie alle Bereiche des Lebens durchdringen und
betreffen.

Die beiden Künstler stehen sitzen liegen in ihren
Hotelzimmern an der Hauptverkehrsstraße
im Stadtteil Sankt Pauli. Die Zeiger ihrer Uhren
drehen sich hin und her und stehen in keinem
verlässlichen Verhältnis zur Helligkeit dieser
längsten Tage des Jahres. Der Geruch des Tep-
pichs des Hotels, das nach dem Stillen Ozean
benannt ist, erzählt selbst eine Geschichte vom
Warten. Vom Rauchen zahlloser Zigaretten
und dem Totschlagen der Zeit. Der Blick nach
draußen, auf Häuser und Straßen vor dem
Fenster, ist von alten Hotelgardinen verschleiert.
Das helle, hochsommerliche Hamburg liegt
hinter diesen Gardinen so unscharf und trüb ver-
fremdet versunken, dass die Künstler zu phan-
tasieren beginnen, sie müssten, wenn sie nur
ausreichend angestrengt horchten, irgendwann
das Nebelhorn ihres Schiffes, das ihnen bedeuten würde, endlich an Bord zu kommen, aus
dem Lärm der unbestimmten Bewegung, des
Verkehrs und des Grölens heraushören können.

Die Stationen der Rundfahrt ihres Schiffes
um die halbe Welt sind den Künstlern bekannt.
Von Busan über Tianjin Xingang, Shanghai,
Ningbo, Xiamen, Yantian, Vũng Tàu, Singapur,
Port Kelang, Khor Al Fakkan, Algeciras,
Southampton, Dunkerque, Zeebrugge und

Rotterdam wird das Schiff nach Hamburg
kommen, um gleich weiterzufahren nach
Antwerpen, Le Havre, Birżebbuġa, Beirut,
Dschiddah, Nansha und Qingdao.

Die Künstler wissen nicht, in welchem Hafen,
auf welcher Passage, in welchem Unwetter
ihr Schiff sich nun um Tage verspätet hat. Sie
wissen nur, dass es eintreffen soll, längst
hätte eintreffen sollen, *longside* an einem Liegeplatz im Hafenbecken am Burchardkai, auf
der Elbhalbinsel Waltershof, die im 13. Jahrhundert nach Christus infolge der *Allerkindleins-
flut* (am 28. Dezember 1248, dem katholischen
Gedenktag der unschuldigen Kinder Bethle-
hems, die König Herodes im Matthäusevange-
lium aus Angst vor den Prophezeiungen eines
neugeborenen Messias vorsorglich ermorden
lässt) durch schwere Hochwassermassen
von der Insel Grieswerder abgetrennt wurde,
Marsch- und Sumpfland war für lange Zeit,
dann besiedelt und begärtnert wurde, von
Zwangsarbeitern und Kriegsgefangenen er-
zwungenermaßen behaust, nochmals überspült
und schließlich gänzlich zugeschüttet, beto-
niert und umzäunt und zum ersten Containerterminal des Hamburger Hafens deklariert.

Das Hotel an der Hauptverkehrsstraße ist alt
genug, dass seine Zimmer von wartenden
Passagieren einer anderen Epoche des Reisens
bewohnt wurden, die dort nervöse Tage vor

dem Aufbruch wartend zugebracht haben. Das
Meer und der Ozean als zu Überwindendes,
als letzte große Hürde zwischen dem Hier und
Jetzt und einem Neubeginn im neuen Leben.
Wer in diesen alten Zimmern nur lange genug
wartet, findet sich irgendwann umstellt von
der Zufälligkeit seiner eigenen, in chaotischer
Kontingenz hingewürfelten Gegenwart.

Ein wahrscheinliches Szenario vor den Hotelgardinen in Sankt Pauli sind Autos und Fahr-
räder, Touristen und Anwohner mit stark oder
schwach ausgeprägtem Bewusstsein für die
Markenhaftigkeit von Lebensgefühl und Kiez-
kultur, sind teure Turnschuhe und die Be-
klebtheit der Flächen, Zettel und Aufrufe, ist
ein Mensch, der tagsüber an einer Kreuzung
sitzt und Bier trinkt und einen Hund dabeihat,
sind schwefelgelbe Abgasfahnen der Schweröl-
verbrennung aus den Schloten der Container-
und Kreuzfahrtschiffe, hineingeschmiert in
einen babyblauen Himmel, unter dem die Allee-
bäume vertrocknen und all die Planten und
Bloomen in den Parks und den Gärten.

Unwahrscheinlich ist ein immerwährender Nebel
über den Sumpfwiesen der Elbauen, wo der
Fluss sich verbreitert und mit zwei Armen weit-
läufiges Marschland umschließt, in dem Träger
hoher Gummistiefel Jagd auf Schnepfen und
Fasane machen.

Ebenso unwahrscheinlich ist die Hochzeit der Hafenarbeit als Handwerk vor den Gardinen des Hotels, die grauen Gesichter der tausenden Stevedores, Schauerleute und Winschmänner, das ganze Gerassel der Stückgutverladung, Aufstände, Streiks, tagelanges Liegen der Schiffe, Schlendern und Saufen der Seeleute entlang der Straßen, die voll sind von den Angeboten einer umfassenden, auf die Illusion der zumindest kurzweilig als warm und herzlich empfundenen Heimkehr aufs feste Land spezialisierten Industrie.

Der Stadtteil Waltershof zählt laut Melderegister des Statistischen Amtes Hamburg und Schleswig-Holstein im Jahr 2018 noch zwei Einwohner. Vielleicht handelt es sich bei ihnen um Betreiber der Seemannsmission *Duckdalben*, die außerhalb der umzäunten Containerterminals an einer Zubringerstraße gelegen ist und in der wahrscheinlichsten Gegenwart, in der die Künstler auf die Ankunft und Abfahrt ihres Schiffes warten, zum letzten Rest einer Öffentlichkeit gehört, die das romantische Bild des Überseehafens über Jahrhunderte geprägt hat.

Dass die Orte des automatisierten Warenumschlags Betriebsgelände von Großunternehmen sind, die ihre Abläufe, ihre Gerätschaften und Angestellten nach außen durch Zäune, Schranken, Pforten und Überwachungssysteme vor unbefugtem Zutritt absichern, ist für die Künstler keine Überraschung. Die Tristesse aber, die durch diese Abschottung entsteht, ist ungeachtet ihrer Erwartbarkeit erschütternd. Und was da erschüttert wird in dem, dem der Containerterminal Burchardkai noch nicht zur alltäglichen Arbeitsplatznormalität geworden ist, muss wohl eine Erinnerung sein an eine Zeit, die man selbst schon nicht mehr erlebt hat – die Erinnerung an etwas Lebendiges oder die nachträgliche Unterstellung von Lebendigkeit. Denn was auf der Elbhalbinsel wahrnehmbar abwesend ist, jedoch gerade durch seine Abwesenheit noch phantomhaft und unheimlich präsent, ist diese lebendige Öffentlichkeit der Häfen der Welt vor ihrer Transformation. Eine Öffentlichkeit, für die die Anwesenheit der Durchreisenden, der Fremden und Anderen zentraler Bestandteil war und die in der Seemannsmission *Duckdalben* nur noch als Ahnung und anachronistischer Restbestand vorhanden ist. Die Zeugnisse der ursprünglich überwiegend für diese durchreisenden Seeleute geschaffenen Vergnügungsindustrie auf der Reeperbahn im Stadtteil Sankt Pauli sind dagegen gerade kein Rest dieser Öffentlichkeit, sondern bereits Folklore: ein Besingen alter Mythen – eine Art Disneyland der Prostitution und der Pornokinos.

Im eingeschossigen Backsteinbau der Mission bleiben die Seeleute unter sich, schauen Fußball

auf einer Großbildleinwand, besorgen Sim-
Karten für ihre Handys, verschicken Geld
und kaufen Chips und Schokolade im kleinen
Kiosk, der gleichzeitig eine Bar ist. Einige
treten den Rückweg zu ihren Schiffen schwan-
kend an. Jemand spielt Tischtennis gegen
eine halb hochgeklappte Platte.

Die Künstler sind Fremdkörper unter diesen
Wartenden, auch wenn sie zunächst meinen,
dass sie das Worauf ihres Wartens mit den
anderen verbindet. Bald aber leuchtet ihnen ein,
dass es die Essenz der Arbeit und damit die
buchstäblich alltägliche Lebenswirklichkeit
dieser Leute ist, auf ihre Schiffe zu warten. Auf
die erneute Ausfahrt aufs Meer, wo dieses
Warten dann nahtlos übergeht in ein Warten
auf Ankunft und Landgang im nächsten
Containerterminal. Dass es das Wesen ihres
Berufes ist, optimierte Abläufe in zäh ver-
gehender Zeit bewachend zu begleiten und freie
Leerlaufzeit an ebenso ablaufoptimierten Tran-
sitorten zu überbrücken.

Die Seemannsmission am Burchardkai in
Waltershof ist bei den Seeleuten sehr beliebt,
weil man hier mit großer Empathie auf ihre
speziellen Bedürfnisse eingeht und die meisten
Dienstleistungen kostenfrei angeboten werden.

„Wenn Sie sich nun fragen, warum so viel Auf-
wand für Seeleute betrieben wird, gibt es darauf

eine ganz einfache Antwort. Das Leben eines Seemannes/einer Seefrau an Bord ist sehr schwer und sie arbeiten nicht nur für sich, sondern für uns alle, um unseren Konsum zu bedienen. Nicht nur, dass sie dort leben müssen, wo sie arbeiten, sondern auch, dass ein Schiff wie ein Gefängnis sein kann, aus dem sie möglicherweise für viele Monate nicht rauskommen, da die Liegezeiten in modernen Häfen oft nur wenige Stunden betragen." (*www.duckdalben.de*)

Die Arbeit des Verladens der Container durch die Fachkräfte für Seehafenlogistik, durch Kranführerinnen, Containerdisponenten und Stauereiarbeiter des Hamburger Hafens und die Arbeit des Wartens auf die Weiterfahrt durch die Seeleute, die Logistik des Kapitals und ihre Prozesse, die das Aktionsbündnis *Ums Ganze* aus Protest gegen die Politik der Teilnehmer am G20 Gipfel durch seine Blockadeaktion im Sommer 2017 lahmzulegen versucht hat, all das findet längst schon abseits der urbanen Öffentlichkeit statt und nur theoretisch, im Sinne der Verwaltung und des öffentlichen Rechts, innerhalb der Grenzen der Stadt.

Obwohl sie zweifellos *Weltreisende* sind, bekommen die Seeleute von den Hafenstädten auf den Transportrouten ihrer Schiffe nur überall aufs Neue Nichtöffentlichkeiten zu Gesicht, geringfügig modifiziert durch Regelungen und Verbote, das Klima und die zusätzlich zum

universalen Minimalenglisch gesprochenen
Sprachen.

Auf der anderen Seite, so vermuten es die Künstler, während sie sich als Fremdkörper unter
den Wartenden in der Seemannsmission auf-
halten und umsehen, müssen wohl die Gewässer und Länder dieser Welt, von den hohen
Warten der Kommandobrücken aus gesehen,
denjenigen, die nicht zuletzt durch die Versprechung, *die Welt zu sehen,* für die Arbeit auf
den Handelsschiffen angeworben werden,
erscheinen wie der ganze Planet einem Betrachter aus dem All: als sehr konkrete Masse,
ohne abstrakte Grenzlinien und in Abwesenheit
aller sichtbaren Zeugnisse von Zeit und Geschichte. Und diese Erfahrung der Konkretheit
von *Welt, Meer* und *Horizont,* nicht als Begriffe,
sondern als pänomenales Reales, denken sich
die Künstler in der Seemannsmission *Duckdalben,*
steht dem Leben in der Stadt, die überladen ist
mit Historie und in der alle Gegenwart immer
auch die Gegenwart vergangener Zeiten ist, als
völlig entgegengesetztes Erfahrungsgegenteil
gegenüber. Vielleicht ist es sogar umgekehrt die
Omnipräsenz der historischen Zeitschichten,
die den in den Städten lebenden Menschen die
mächtige Fiktion der Grenzen als unausweich-
lich erscheinen lässt – als eine mühevoll in
Kriegen und Friedensverträgen ausgehandelte
Notwendigkeit. (Es schließt sich die Frage
an, ob die ausgestorbene Arbeit im Hafen, die

ausgestorbenen Berufe und die verschüttete Zwangsarbeit in den Werften und Fabriken, tote Arbeit ist oder sehr lebendig als Wiedergänger und Schatten, als gespenstisches Kapital in ungedeckter Währung.)

Und vielleicht liegt bei all der traurigen Tristesse nichtöffentlicher Landgänge der Reiz der Seefahrt genau darin, die Komplexitäten des Lebens an Land, die Überpräsenz der Geschichte und der politischen Fiktionen gegen die einfache Form des Containers und den geraden Strich einer ungebrochenen Horizontlinie eintauschen zu können. Der Warenverkehr als Weltfaktum, der in Form der Containerschiffe alle irdischen Distanzen auf dem Seeweg überwindet, zeigt seine umformende Macht vor allem an Land, wo die Orte des Umschlags permanent modifiziert, die Häfen angepasst, Fahrrinnen ausgebaggert, Terminals expandiert und Bewohner umgesiedelt werden. Der den gesamten Globus umspannende Handel *gewinnt Land*, während seine Spuren auf dem offenen Meer nach ein paar Minuten der Unruhe vollständig verschwinden. An Land zurückzubleiben – jahrhundertelang das Sinnbild für die Entscheidung gegen Abenteuer, Risiko und Unwägbarkeiten des Aufbruchs – hieße also gerade nicht, von den Veränderungen, die der Welthandel am physischen Erscheinungsbild der Welt vornimmt, nicht betroffen zu sein.

Die Künstler spüren sehr deutlich ihre Befangen-
heit, als sie – Träger der richtigen Zettel –
von einem Shuttleservice an der Pforte des Containerterminals abgeholt und zu ihrem Schiff
gebracht werden. Die Fahrt führt auf Fahrbahnen ohne Fußwege durch die aufgetürmten
Container, von denen die Künstler in ihrem
Hafenshuttle bald so vollständig umgeben sind,
dass kein Blick mehr etwas anderes erfassen
kann als diese Türme und die zwischen den
Türmen hindurchfahrenden Staplerfahrzeuge.
Fast merken es die Künstler gar nicht, als
ihr Blick nicht mehr von den aufgestapelten
Containern verstellt ist, sondern von einer
hohen blauen Stahlwand, die bereits der Rumpf
ihres Schiffes ist.

Dann aber werden sie vom Fahrer des Hafen-
shuttles darauf aufmerksam gemacht, dass
es sich bei diesem Anblick um den Anblick *ihres
Schiffes* handelt, das die beiden Künstler
vom Containerterminal Burchardkai nach China
bringen wird. Seine monströsen Ausmaße –
obwohl ebenso erwartbar wie die Tristesse des
automatisierten Containerhafens – erscheinen
den Künstlern augenblicklich als etwas hochgra-
dig Anachronistisches. Schließlich lehrt sie
ihre Erfahrung, dass die Maschinen, die in ihrem
Alltag ständig überall präsent sind, stets kleiner
werden, schneller und unscheinbarer und sub-
tiler, stets also bestrebt sind, weniger gewaltvoll
riesenhaft dinosauriermäßig aufzutreten als

dieses vor ihnen liegende, den kompletten Horizont verdeckende Schiff. Sein erster Anblick legt den Gedanken nahe, dass sich in der Containerschifffahrt ein Rest Maschinenfetisch des frühen Industriezeitalters bewahrt hat, in dem Fortschrittlichkeit und *Ingenieurskunst* nicht zuletzt daran gemessen wurden, wie groß das Potenzial der Maschinen war, den Menschen in Relation als nichtigen Wicht erscheinen zu lassen. Dieser buchstäbliche Größenwahn vergangener Zeiten, der in den auf der Elbhalbinsel Waltershof zum Be- und Entladen liegenden Schiffen überlebt hat, verleiht ihnen die tragische Ausstrahlung von etwas hoffnungslos Überholtem – als alte Elefanten liegen die Schiffe da, die noch nichts wissen vom Aussterben ihrer Art, das natürlich nur ein projiziertes Aussterben ist. Im Augenblick der ersten Begegnung der Künstler mit ihrem Schiff ist dieses schließlich im Vergleich mit anderen, noch größeren, *moderneren* Schiffen bereits ins Hintertreffen geraten. Möglicherweise hängt das sich aufdrängende Gefühl, einem anachronistischen Gebilde gegenüberzustehen, auch mit dem Wissen zusammen, dass es für den größten Teil der tausenden Tonnen Fracht, die die monströsen Schiffskörper in sich aufnehmen können, keinen triftigen Grund gibt, um die halbe Welt gefahren zu werden. Die Überzeugung von der Notwendigkeit, Riesenschiffe wie diese herzustellen und zu betreiben, ist von mehr abhängig als buchhalterischen Fakten und Statistiken. Es ist eine Frage des Glaubens und damit automatisch angesiedelt im Bereich der Folklore, der Ideologie, der quasi-religiösen Gefühle, die der Gegenwart als ihr *Unzeitgemäßes* eingebaut sind.

Das Schiff trägt an seinem Heck die französische Flagge, unter der es fährt, und weit oben, am Mast neben der Kommandobrücke, die schwarzrotgelbe Deutschlandfahne, weil es sich in einem deutschen Hafen befindet. Der Shuttlebus hält an einer engen Gangwaytreppe und der Fahrer nimmt per Funk Kontakt zur Besatzung auf, damit jemand kommt und die beiden Künstler abholt, weil sie auch diesen letzten Weg vom Land aufs Schiff nicht ohne Begleitung gehen sollen.

„Man sieht, wie die Geschichte der Industrie das aufgeschlagene Buch der menschlichen Wesenskräfte ist."

Karl Marx,
Ökonomisch-Philosophische Manuskripte

„Es entsteht die Bereitschaft zu einer auf den gesamten Horizont bezogenen vorfühlenden Erwartungshaltung."

Hans Blumenberg,
Arbeit am Mythos

„Matrosen gibt es ja kaum noch, werden auch gar nicht mehr verlangt. So ein modernes Frachtschiff ist gar kein eigentliches Schiff mehr. Es ist eine schwimmende Maschine. Und dass eine Maschine Matrosen zur Bedienung braucht, glauben Sie ja gewiss selbst nicht, auch wenn Sie sonst nichts von Schiffen verstehen sollten. Arbeiter braucht diese Maschine und Ingenieure."

B. Traven,
Das Totenschiff

„**Das materielle Verschwin-den ist nur das Vorspiel für die geradezu exzessive, ubiquitäre Ausbreitung der Maschine. Wie Proteus, zu Wasser verwandelt, sich im Meer auflöst, hängt die Maschine fortan in der Luft: eine Atmosphäre aus Zeichen, welche den ganzen Globus umhüllt.**"

Martin Burckhardt,
Philosophie der Maschine

Jean-François de la Pérouse

Die überwiegend in koreanischen Großwerften hergestellten und an Reedereien auf der ganzen Welt verkauften Containerschiffe heutiger Zeit werden gern nach Entdeckern und Weltumseglern vergangener Jahrhunderte benannt. Selbst nach solchen, die von ihren Fahrten nicht mehr zurückgekommen sind.

An Bord eines Schiffes, das den Namen eines im Meer verschwundenen, sehr wahrscheinlich ertrunkenen Schiffbruchstoten trägt, könnte man sich auch wundern und fragen, weshalb niemand diese Reverenz als böses Omen auffasst. Von einer Büste in der Offiziersmesse (die Messe der Crew enthält keine vergleichbaren Abbildungen) abgesehen existiert an Bord jedoch kein Hinweis auf die namensgebende historische Figur. Ihr Name ist hier nur der Name des Schiffes, tönend in der Landessprache der Nation, unter deren Flagge es fährt, für den Großteil der Besatzung sicher ohne Bedeutung.

Das Schiff besteht im Wesentlichen aus Raum für Fracht. Gewohnt, gegessen und gearbeitet

(im Fall derer, die nicht an Deck mit dem unermüdlichen Aufbringen neuer Lackschichten
befasst sind oder als Maschinisten und Öler im
Maschinenraum tätig) wird in einem mehrgeschossigen Stahlbau im vorderen Drittel, auf
dem sich die Kommandobrücke befindet und
alle Einrichtungen zur Freizeitgestaltung
an Bord. Auf unterschiedlichen Stockwerken
existieren Aufenthaltsräume, in denen freie
Zeit verbracht werden kann. Jeweils einer für
die Crew, für die Passagiere und für den
Kapitän und seine Offiziere, ausgestattet mit
verschiedenen Brett- und Kartenspielen, einem
Flachbildfernseher, einer Kaffeemaschine,
bequemen Möbeln und einer Reihe Fenster, die
sämtlich auf die Stahltüren verschiedenfar-
biger Container zeigen. An Deck ist der Weg,
der an der Reling entlangführt, so schmal,
dass zwei Leute nur seitlich aneinander vorbeigehen können. Es riecht nach Öl, Lack und
Rost. Die Containertürme knarren. Vor dem
Verlassen der Innenräume muss ein Helm
auf den Kopf gesetzt werden.

Auf der Etage ihres Aufenthaltsraumes, zwischen Toilette und Außentür, entdecken
die Künstler die Bordbibliothek, einen fensterlosen Raum mit übervollen Bücherregalen
zu beiden Seiten, einem Schreibtisch, an den
ein Bürostuhl festgebunden ist, damit er
bei starkem Seegang nicht umfällt, und einem
Plakat der Reederei, auf dem ein Container-

schiff gleicher Bauart wie das, in dem es hängt,
vollbeladen durchs All gleitet, unterwegs
wohl zu den Containerterminals ferner Sonnen-
systeme und überschrieben mit den Worten
SHIPPING THE FUTURE.

Wahrscheinlich zur eingehenden Beschäftigung
und zum besseren Verständnis angeschafft,
einsortiert zwischen *Laing, Ronald D*. und *Le
Guin, Ursula K*., finden sich in den Regalen
dieser Bibliothek die Aufzeichnungen des Grafen
und Kapitäns zur See Jean-François de La
Pérouse über seine Weltumseglung im Auftrag
des französischen Königs Ludwig XVI., ab-
gefasst in den Jahren 1785 bis 1788 und post-
hum, nach dem Verschwinden des Kapitäns,
der beiden Schiffe *Astrolabe* und *Boussole* unter
seinem Kommando und deren gesamter Besatzung und nach dem Sturz und der Enthaup-
tung König Ludwigs infolge der Französischen
Revolution zuerst in Frankreich und schließlich in Übersetzung in verschiedenen Ländern
der Welt veröffentlicht.

Im Raum der Bibliothek, an den Büchern, die
dort bereitstehen, beim Lesen ihrer Seiten, teilt
sich das Gemeinsame der beiden Künstler
naturgemäß auf in die letzten, unteilbaren Einheiten ihrer je eigenen Persönlichkeit, mein
Ich und deins, das schaut und liest, in der gleichen, unausweichlichen Weise wie später
beim Schauen über die weite Scheibe des ringsum

ausgebreiteten Meeres. Lesen, so merkt es der
Lesende beim Aufschauen von dem Buch, passt
als die asoziale Beschäftigung, die es im Kern
ist, als nichtkommunizierbarer seelischer Prozess, sehr gut hierher. Die Maschine justiert
das Ruder im Autopilot, in Hafennähe kommen
die Kundigen der besonderen Gefahren ihrer
heimatlichen Gewässer an Bord und übernehmen
die Navigation.

Kapitän La Pérouse hat sich vor dem Aus-
laufen aus dem Hafen von Brest eine mehrsei-
tige, bis ins kleinste Detail ausformulierte
Instruktion von seiner königlichen Hoheit und
den Vertretern des französischen Marineministeriums in Versailles abzuholen, betref-
fend die zu segelnden Routen, Verweildauer und
Zielsetzung an den verschiedenen Stationen
sowie das generell an den Tag zu legende Ver-
halten im Umgang mit fremden Völkern,
Missionaren, Besatzern und Kolonisatoren.
Hafenbefestigungen sollen ausspioniert
werden, die französische Flagge auf allen Erd-
teilen hergezeigt, Seekarten vervollständigt
und wichtigstens: eine Idee gewonnen und
nach Hause zurückgebracht, davon, in welcher
Form und welchem Umfang Handel in den
überseeischen Regionen aussichtsreich
zu treiben wäre. Dem Ausfahrenden wird eine
Auswahl wissenschaftlicher Experten aller
möglichen Disziplinen an die Seite gestellt, die
von der dreijährigen Exkursion ebenso wenig

zurückkehren werden wie der Rest der Mannschaft.

Die Aufzeichnungen und Tagebücher des Kapitäns werden Vertrauenspersonen in diversen Häfen zur Übermittlung übergeben und auf heimwärts segelnden Schiffen nach Frankreich transportiert. Den größten Teil seiner Mitschrift gibt Jean-François de La Pérouse aber seinem Sekretär und Dolmetscher Jean Baptiste Barthélemy de Lesseps mit auf die Reise, als er ihn von der Halbinsel Kamtschatka aus auf dem Landweg zurück nach Paris schickt, um Bericht zu erstatten und *en route* der Heimat Sitten und Gebräuche der Kamtschadalen und der Völker Sibiriens zu studieren. De Lesseps ist ein Jahr lang auf Pferden, Kähnen, Hundeschlitten und den eigenen Füßen unterwegs und zum Zeitpunkt seines Eintreffens in Versailles im Herbst 1788, etwas mehr als ein halbes Jahr vor Ausbruch der Französischen Revolution, ohne eine Ahnung davon, inzwischen der einzige Überlebende der Expedition zu sein.

Die Schiffe *Astrolabe* und *Boussole* legen ohne ihren Russisch-Dolmetscher De Lesseps aus dem Hafen von Petropawlowsk in der Awatscha Bucht Kamtschatkas ab und segeln südwärts durch den Pazifik in Richtung der Navigator- und der Freundschaftsinseln und weiter nach Australien. Nachweisbare Spuren ihrer Existenz verlieren sich nahe der Salomoneninsel Vanikoro.

Der auf Kamtschatka zurückgebliebene De
Lesseps vermerkt in seinem eigenen Reise-
bericht *Herrn von Lesseps, Gefährten des Grafen
de La Pérouse Reise durch Kamtschatka und
Sibirien nach Frankreich*:

„Man kann sich leicht vorstellen, was ich litt, als
ich sie an die Boote begleitete, die sie erwar-
teten: ich konnte weder reden noch mich trennen;
sie umarmten mich wechselweise, und meine
Tränen bewiesen ihnen nur zu sehr den Zustand
meiner Seele. Mein Schmerz bei der Trennung
selbst ist nicht zu beschreiben."

Wer in der fensterlosen Bibliothek sitzt und
liest, hört manchmal, wie vom Flur aus die Stahl-
tür nach draußen, auf den Balkon der Außen-
treppe geöffnet und wieder verschlossen wird
(das Einrasten der Riegel, Quieken der Metall-
backen aufeinander). Von draußen kommt
dann kurz ein fauchender Luftzug und das beständige Dröhnen der Motoren an den Kühl-
containern, die durch ein Gewirr von Kabeln an
die große Maschine des Schiffes angeschlossen
sind und ihren Inhalt vor dem Verderben bewahren. Davon abgesehen haben die Dimensi-
onen der Riesenhaftigkeit für den Sitzenden
in der Bibliothek ihre Bedeutung schon wieder
verloren. Ein Seegang ist nicht zu spüren. Das
Bewusstsein orientiert sich am Normalzustand:
Innenraum, die Erfahrung des Hauses, ge-
wohnheitsmäßiger Aufenthalt in Zimmern,

sitzend zwischen Büchern, Denker ausschwei-
fender Gedanken. Die runde Öffnung einer
Klimaanlage in der Decke haucht kühles Klima
in den Raum. Der Geruch ist der von Indus-
trieputzmittel auf Linoleumfußboden. Das
Neonlicht lässt die Haut ein wenig kränklich
aussehen.

Die Weltreise der beiden Schiffe unter dem
Kommando von Jean-François de La Pérouse
ist geprägt von einer großen Hektik und Rastlosigkeit. Fast noch tragischer als ihr schließ-
liches Verschwinden wirkt im Nachhinein das
ruhelose Abfertigen der einzelnen Stationen
der Expedition. La Pérouse, wahrscheinlich im
Wissen, nicht der erste zu sein, und auf den
Spuren anderer ein schon reichlich blass gewor-
denes Klischee des stolzen *explorateurs* zu
repräsentieren, hält es nie lange genug auf den
Inseln und an den Küsten ihrer Reise aus,
um den mitgereisten Wissenschaftlern auch nur
die geringste Zeit zu lassen, ihrer Arbeit nachzugehen. Der Lesende in der Bordbibliothek
des Schiffes, das seinen Namen trägt, empfindet
es als eine bestürzende Schicksalsironie, dass
La Pérouse, als Entdecker in weitestgehend
auskundschafteten, bekannten und beschrie-
benen Weltregionen, rastlos ständig weiter-
segeln musste, bis er schließlich in einer unzu-
reichend kartographierten Meerenge Schiffbruch erlitten hat und verschollen ist.

„Obgleich die Route des Herrn La Pérouse durch
gegenwärtige Instruktion vorgeschrieben
und die Gegenden seines Aufenthalts nebst der
wahrscheinlichen Dauer der ganzen Reise
festgelegt sind, so wollen doch seine königliche
Majestät nicht, dass er sich unbedingt diesem
Plan unterwerfe. Seine Majestät verlassen sich
auf die Erfahrung des Herrn La Pérouse und
geben ihm die Vollmacht, in unvorhergesehenen
Fällen alle Abänderungen zu treffen, die er
für nötig halten wird. In jedem Lande, wo er nur
immer hinkommen mag, soll er sich gleich
nach seiner Ankunft die vornehmsten Ober-
häupter desselben durch Äußerungen des Wohl-
wollens und durch Geschenke zu Freunden
zu machen suchen. Er soll zu erforschen suchen,
welche europäischen Waren oder Produkte
den meisten Wert für sie haben, und soll ihnen
sodann ein Sortiment derselben vorlegen,
woran sie Vergnügen finden und wodurch sie
bewogen werden können, sich auf Tausch-
handel einzulassen. Er soll allen zu beiden Schiffs-
equipagen gehörigen Personen die gemessenste
Weisung erteilen, mit den Einwohnern des
Landes in gutem Vernehmen zu bleiben, und sich
durch ein gefälliges, einnehmendes Betragen
ihre Zuneigung zu erwerben. Überhaupt soll
Herr de La Pérouse die verschiedensten Volks-
stämme, mit welchen er auf seiner Reise Be-
kanntschaft macht, bei jeder Gelegenheit auf
eine menschenfreundliche und liebevolle Art
behandeln. Mit der lebhaftesten, tätigsten Teil-

nahme soll er alle und jedes Mittel anwenden,
den Zustand dieser Völkerschaften zu ver-
bessern.“

Auf der Kommandobrücke im obersten Stock-
werk des Stahlgebäudes (zwei Etagen über der
Bordbibliothek, den Kabinen und dem Aufenthaltsraum der Passagiere) befinden sich alle
relevanten Gerätschaften zur Anzeige von Tief-
gang, Neigungswinkel, Ruderstellung, Geschwindigkeit, elektromagnetischer Ortung,
Position, Wind und Wetter. Eine durchgehende
Fensterreihe erlaubt den Blick nach vorn und
zu den Seiten, gespäht wird mit Ferngläsern vor
den Augen über die weite Fläche des Meeres.
Im Intervall von je 15 Minuten beginnt ein
orangefarbener Knopf zu leuchten, der von der
diensthabenden Wache innerhalb weniger
Sekunden gedrückt werden muss, da sonst das
Schiff von der Dienstunfähigkeit der Wache
ausgeht, die sein reibungsloses Funktionieren
wach zu begleiten und zur Kenntnis zu nehmen
hat, und den sogenannten *Dead Man Alarm*
auslöst. Der *Dead Man* umfasst in der Definition der Maschine auch den Träumer, den
Schlafenden, den Verwickelten in ein Gespräch
oder den Abwesenden auf der Toilette. Im
Hintergrund der Kommandobrücke, etwas abseits der Gerätschaften zur Steuerung und
Positionsbestimmung, der Radarbildschirme
und der Funkstation, befindet sich ein langer
Kartentisch, auf dem die Seekarte für den

jeweils aktuellen Streckenabschnitt ausgebreitet liegt. Die planmäßige Route des Schiffes ist
auf diesen Karten mit Bleistiftstrichen einge-
zeichnet. Darüber hinaus sind auf fast allen Seekarten, die vom hydrographischen Büro des
Vereinigten Königreichs gedruckt und herausgegeben werden und auf ihren Rückseiten mit
dem Schriftzug der Admiralität versehen sind,
in violetter Farbe Fahrbahnen für die kom-
merzielle Containerschifffahrt *to and fro* durch
die Gewässer angegeben. Je nach Wassertiefe
und Abstand zur Küste müssen die Offiziere,
Wachen oder Kadetten die Position des Schiffes
jede Stunde oder alle fünf Minuten unter
Angabe der Uhrzeit auf dem Bleistiftstrich vermerken. Auf offener See fährt das Schiff zu-
meist in einer Geschwindigkeit von siebzehn
Knoten, was ungefähr dreißig Kilometern pro
Stunde entspricht. Mit Ausnahme der Gefah-
rengüter und verderblicher Waren ist der Inhalt
der Container, die sie auf ihrem Schiff trans-
portieren, der Besatzung, inklusive ihres Kapitäns, unbekannt.

Jean Baptiste Barthélemy de Lesseps benötigt
für die Reise zwischen Petropawlowsk und
Versailles 382 Tage. Er übernachtet in Zelten
und Jurten und Isbas, die ihn meistens ekeln,
wie auch die darin lebenden Menschen und ihre
Bräuche. So beschreibt er die Kastration der
Schlittenhunde, denen ihre Besitzer die Hoden
zerbeißen, und die Innenräume der Behausungen

der Kamtschadalen auf eine Weise angewidert, die vermuten lässt, dass seine Verachtung immer auch Ausdruck des Wunsches ist, offen und herzlich auf die Menschen zugehen zu können, wären diese Menschen nur nicht so hoffnungslos weit vom eigenen Standard entfernt oder würden zumindest den Willen und die Bereitschaft erkennen lassen, sich diesem Standard anzunähern, durch Einsicht in den offensichtlichen lebenspraktischen, moralischen und ästhetischen Gewinn. Ein ähnlicher Ton herrscht nach einigen Monaten des Reisens auch in den Aufzeichnungen des Kapitäns Jean-François de La Pérouse, überall dort, wo er vom Kontakt mit den *Wilden* auf den verschiedenen Pazifikinseln berichtet.

„Da sieht man eine Gruppe von Weibern, die von Fett triefen und an der Erde auf einem Haufen Lumpen herumliegen; dort andre, die ihren halbnackten und vom Kopf bis zu den Füßen beschmutzten Kindern die Brust geben; da wieder einige, die mit ihnen einige Stücke rohen und meistens verfaulten Fisch verschlingen; und weiterhin andre, die in einem in nichts weniger schmutzigen Anzuge auf Bärenfellen liegen, und unter sich, oder auch alle zusammen schwatzen, oder häusliche Arbeiten verrichten und auf ihre Männer warten."

„Die Intellektuellen an ihrem Schreibpult werden
diese Schilderung ablehnen. Sie schreiben
ihre Bücher in der Kaminecke, während ich seit
dreißig Jahren reise. Ich bin Zeuge der Ungerechtigkeiten und Betrügereien jener Völkerschaften, die man als gute Wilde preist, weil sie
der Natur noch ganz nahe sind; aber diese
Natur ist nur im Großen erhaben, sie vernach-
lässigt die Einzelheiten. Es ist unmöglich,
Wälder zu durchdringen, die nicht von zivili-
sierten Menschen ausgehauen worden sind, und
es ist ebenso unmöglich, mit dem Naturmen-
schen zusammenzuleben, denn er ist boshaft,
ein Barbar und ein Betrüger. Traurige Erfahrungen haben mich in dieser Ansicht bestärkt."

„Ein tätiges Leben würde diesen Menschen un-
erträglich sein; in ihren Augen ist es, nächst
dem Betrinken, das höchste Glück, nichts tun
zu dürfen und in einer behaglichen Indolenz
zu leben. Diese ist bei den Kamtschadalen
so groß, dass sie oft nicht daran denken, für die
notwendigsten Bedürfnisse des Lebens zu
sorgen."

Der lebensfeindlichen Faulheit muss sich der
Reisende, den noch Monate beschwerlichsten
Weges von der Rückkehr nach Frankreich
trennen, auch deshalb mit aller Energie, mit
seiner ganzen subjektiven Kraft entgegen-
stemmen, weil sie überall dort, wo sie ihm
begegnet, eben immer auch eine Einladung ist,

die eigenen Ambitionen fahren zu lassen und
sich endlich einem Zustand hinzugeben, in dem
nichts mehr gewollt, entdeckt oder erreicht
werden muss. Als etwas anderes als die Be-
kämpfung der eigenen Dämonen der Trägheit ist
die immer wieder heftig aufwallende Ableh-
nung für den Lesenden in der Bordbibliothek
nicht wirklich zu erklären.

Mehrtägige, schneesturmbedingte Pausen sind
für de Lesseps ebenso wenig zu ertragen wie
für La Pérouse unnötige Aufenthalte an auskundschafteten Küsten. Er lässt sich von den Orts-
verwaltern der Hüttendörfer Kamtschatkas
Atteste ausstellen, sobald die Witterung seine
Weiterfahrt auch nur einen Tag verzögert,
bringt sich das Führen von Hundeschlitten selbst
bei und versucht immer wieder, auf vereisten
Flüssen und im Tiefschnee der Waldungen,
eingehüllt in viele Schichten Pelze, Häute und
Felle, in Fuchs, Hund und Wildschaf, mit
einem mehrlagigen Kopfputz aus Seeotter,
Zobel und Rentier, einem Aufzug, der seinen
Kern doch nicht zu erwärmen vermag in dieser
Gegend, in die Einsamkeit des Fremdseins
nur noch tiefer hineinfahrend, ab und an auch
belustigt über sich selbst und die trotz aller
Maßnahmen eisig kalten Füße, auf eigene Faust
voranzukommen.

Den größten Teil der Reise von Kamtschatka
nach Sibirien legt de Lesseps jedoch als Beglei-

tung des Generalgouverneurs von Ochotsk und
Kamtschatka, Oberst Kassof-Ugrenin zurück,
der sich auf einer Dienstreise befindet und selbst
zum ersten Mal die ganze Weite seiner Ver-
waltungsbezirke durchmisst. Am Ende einer
tagelangen, beschwerlichen Passage durch
unbesiedelte, baumlose Schneewüsten, wo
ihnen Schneesturmwolken die Sicht nehmen,
der Proviant langsam ausgeht und ihre Schlittenhunde einer nach dem anderen vor Erschöp-
fung in den Schnee fallen und sterben, als
die Reisegesellschaft schließlich in einem ärm-
lichen Jurtendorf Station macht, um sich zu
proviantieren, alle Vorratskammern aber leer
und die Einwohner selbst mager und hungrig
vorfindet, als es für die müden Tiere, die sie
bis dorthin gezogen hatten, wirklich nichts mehr
zu fressen gibt und sie sich gegenseitig das
Fleisch von den Knochen zu reißen beginnen,
scheint es kurz, als würde das „grässliche Schauspiel" der verendenden Hunde de Lesseps
ehrlich zu Herzen gehen, bis klar wird, dass
seine ganze Sorge alle Zeit nur den Depeschen
seines Kapitäns gilt, der bereits Kurs auf das
eigene Verschwinden genommen hat.

„Die meisten entwischten in das freie Feld, streif-
ten umher und fraßen alles, was sie mit den
Zähnen zerreißen konnten. Alle Augenblicke
starb einer und ward dann sogleich die Beute
der anderen. Diese fielen über den toten Körper
her und rissen ihn in Stücke. Zu dem gräss-

lichen Schauspiel, dass die Hunde einander
selbst fraßen, kam noch der traurige Anblick
derer, die unsere Jurte belagerten. Diese
armen Tiere waren alle zum Bemitleiden mager
und konnten sich kaum bewegen. Ihr unauf-
hörliches, klagendes Geheul schien uns um Hilfe
zu flehen. Verschiedene litten ebenso sehr
von der Kälte als von dem Hunger und legten
sich an der Rauchöffnung der Jurte nieder.
Je mehr sie die Wärme empfanden, desto mehr
näherten sie sich diesem Loche; und endlich
fielen sie, teils aus Schwäche, teils, weil sie das
Gleichgewicht verloren, vor unseren Augen
ins Feuer. Was bei diesen Umständen in mir vor-
ging, weiß ich nicht zu beschreiben; meine
Seele litt noch mehr als mein Körper. Über die
Unannehmlichkeiten, die ich mit meinen
Gefährten zugleich litt, fasste ich mich wohl,
da das Beispiel der letztern und meine Jugend
mir alles tragen halfen; aber meine Stand-
haftigkeit verließ mich, wenn ich an meine
Depeschen dachte, die ich Tag und Nacht nicht
aus den Händen kommen ließ."

Die interaktiven Satellitenkarten der Weltmeere, tagsüber hell- und nachts dunkelblau auf
den Bildschirmen der Kommandobrücke
leuchtend (nachts sind diese dunkelblauen Bild-
schirmkarten die einzigen Lichter auf der
Brücke, damit die durch die Scheiben spähen-
den Wachhabenden noch etwas anderes sehen
können als ihr eigenes Spiegelbild), zeigen

in verschiedenen Zoomstufen auch alle anderen Wasserfahrzeuge an, die sich zum gegebenen Zeitpunkt im jeweiligen Gewässer befinden. Sofern registriert, kann der Betrachter der interaktiven Satellitenkarten mit dem Mauszeiger auf die Symbole der anderen Schiffe fahren und dadurch Informationen erhalten zu Name, Typ und gegebenenfalls Art der Ladung. Beim Studieren dieser Karten wird deutlich, wie viele Entdecker, Weltumsegler und maritime Schriftsteller als untote Namenspatrone noch immer auf den Ozeanen unterwegs sind. Während seiner Einfahrt ins Mittelmeer durch die Straße von Gibraltar ist das Schiff, das die beiden Künstler nach China bringt, in Gesellschaft der kommerziellen Frachter *Magellan, Christopher Colomb, Bougainville, Vitus Bering, Entrecasteaux, Jules Verne, Melville* und *Joseph Conrad*. Die schnell kreuzenden Fährschiffe zwischen Marseille und Algier, Tanger und Barcelona, Melilla, Séte und Oran tragen lediglich die Namen der Unternehmen, die den Fährverkehr auf diesen Linien betreiben. Gern hätte der Betrachter der interaktiven Satellitenkarten die Schiffe *Annemarie Schwarzenbach, Roland Barthes, Marguerite Duras, Albert Camus, J.G. Ballard, Marc Augé, Naomi Klein* und *Djuna Barnes* auf ihren Routen wirklich gesehen und sich nicht nur vorgestellt.

Bevor er sich der lapérouseschen Expedition *atour du monde* anschloss, wuchs Jean-Baptiste Barthélemy de Lesseps in Hamburg und Sankt Petersburg als Sohn des französischen Konsuls Martin de Lesseps auf, lernte die russische Sprache wie die eigene, wurde bald als Sekretär des Konsulats mit vertraulichem Schriftverkehr nach Versailles geschickt und dort umgehend als Dolmetscher und 13. Offizier für die Mannschaft von Jean-François de La Pérouse rekrutiert. De Lesseps hatte gerade genug Zeit, seinen Eltern nach Sankt Petersburg zu schreiben, dass er wohl erst in drei bis vier Jahren zurückkehren werde, nach einem Umweg durch die Weltmeere und um den gesamten Globus. Zur selben Zeit der Anmusterung Barthélemy de Lesseps' bewirbt sich der noch 16-jährige Offiziersanwärter Napoleon Bonaparte um einen Platz in der Mannschaft der beiden Schiffe, wird allerdings nicht berücksichtigt, kann die Militärschule absolvieren und seine Karriere in Frankreich weiterverfolgen, anstatt gemeinsam mit den todgeweihten Weltumseglern im Südpazifik zu verschwinden.

Sobald die in Auftrag gegebenen Schiffe werftseitig fertig montiert und möbliert sind, werden von der Reederei beim spezialisierten Großhandel gerahmte Kunstdrucke bekannter Gemälde für die Wände seiner Innenräume bestellt. Das Anbringen eigener Bilder, das dem

Schiff über die Jahre die Geschichte seiner unterschiedlichen Besatzungen und ihres kreativen
Ausdrucks einschreiben würde, ist nicht vorgesehen.

An der Wand der Kabine des 13. Offiziers, die
de Lesseps auf der *Astrolabe* bezieht und in
der über mehrere Monate seine regelmäßigen
Unterweisungen in Navigation und Positionsbestimmung durch den zweiten Kommandeur
der Expedition, Paul Fleuriot de Langle statt-
finden, hängt ein gerahmter Kupferstich der
Ermordung von Captain James Cook, der
am 14. Februar 1779, beim Versuch, den hawai-
ianischen König Kalani'ōpu'u-a-Kaiamamao
gefangen zu nehmen, um die Herausgabe eines
entwendeten Bootes zu erpressen, von autoch-
thonen Inselbewohnern niedergeschlagen
und erstochen wurde. Der tote Körper des Kapitäns wurde ausgeweidet, gehäutet, entbeint
und zerteilt und nur wenige Gliedmaßen
konnten von seiner Besatzung zurückgefordert
werden, um sie schließlich auf See zu bestatten.
Ungeachtet der fatalen Fehleinschätzung der
Situation in der Bucht von Kealakekuka durch
Captain Cook wurde de Lesseps von de Langle
bei seinen Navigationsunterweisungen auf
den Kupferstich verwiesen mit den Worten,
dass dies der Tod sei, den Personen ihres
Standes zu beneiden hätten (de Langle wurde
selbst im Verlauf der Expedition beim Versuch,
Wasser für die Besatzungen von der samoani-

schen Insel Maouna zu beschaffen, bei einem
Tumult unter den Einheimischen durch einen
Steinwurf erschlagen).

In den Aufenthaltsräumen, auf den Fluren
und in den Messen des Schiffes, das die beiden
Künstler nach China bringt, spiegelt sich
zu jeder Tageszeit das Deckenlicht im Glas der
gerahmten Kunstdrucke. Bacchanalien unter
Neonröhren und ein weißleuchtender Zensur-
balken über dem Kuss von Gustav Klimts
Liebespaar. An einer Wand der Passagierkabinen,
über einem Bouquet aus Kunstblumen, hängt
eine Reproduktion des *Œdipe* von Jean-Leon
Gérôme, auf dem der Feldherr Napoleon Bonaparte, während seiner *Ägyptischen Expedition*,
unter einem wolkenlosen blauen Himmel auf
einem Pferd sitzend, den Kopf der noch nicht
ganz ausgegrabenen Großen Sphinx von
Gizeh betrachtet. In einem weiten Wüstental
im Hintergrund sind Truppenverbände als
geordnete Rechtecke zu sehen und vom linken
Bildrand fallen die Schatten des berittenen
Generalstabs auf den sandigen Boden des
Plateaus vor der Statue. Es ist nicht überliefert,
ob Gérôme sein 1868 gemaltes Bild nach der
mythologischen Figur des Ödipus benannt hat,
weil ihm Napoleon Bonaparte während der
1798 begonnenen Invasion in Ägypten wie
Ödipus vor Theben als Löser der vorgeschicht-
lichen sphinktischen Rätsel vorgekommen
ist, als Bezwinger des Aberglaubens und Bringer

der Aufklärung, oder – konfrontiert mit den unfassbaren Konsequenzen des eigenen Ein-
greifens in den Lauf der Geschichte an diesem
sagenhaften Ort – als der verblendete Held
aus der Sophokles-Tragödie, unfähig zu
begreifen, was der Seher Teiresias ihm mit-
zuteilen versucht, als er sagt: „Du schaust
umher und siehst nicht, wo du stehst im Üblen.
Nicht, wo du wohnst und nicht mit wem du
lebst – weißt du, von wem du bist?"

Die Aufzeichnungen des Kapitäns Jean-François
de La Pérouse, die ihren Weg zurück nach
Frankreich gefunden haben, werden 1797 unter
dem Titel *Voyage de Lapérouse autour du Monde
sur L'Astrolabe et La Boussole en 1785–1788*
von Louis-Antoine Milet-Mureau bei Plassan in
Paris herausgegeben, ein Jahr bevor Napoleon
Bonaparte zur Ägyptischen Expedition auf-
bricht, in deren Verlauf über 60.000 Soldaten
in verschiedenen Schlachten getötet werden,
und die trotz allem vordergründig als wissen-
schaftliche Forschungsreise und Grundstein-
legung der modernen Ägyptologie in die
Geschichte eingegangen ist (und erst nachrangig
als exzessives Blutbad und gewaltvolle Invasion). Jean-Baptiste Barthélemy de Lesseps, dem
nach seiner Reise durch Kamtschatka und
Sibirien viel ehrenvolle Anerkennung zuteilwird,
verschlägt der diplomatische Dienst zuerst
nach Kronstadt und danach als Sekretär der
französischen Botschaft nach Konstantinopel.

Die Kriegserklärung des Osmanischen Reiches
durch Sultan Selim III. an die Französische
Republik, als Reaktion auf die Invasion Napo-
leons, führt zur Inhaftierung aller französischen
Staatsbediensteten der Stadt. De Lesseps
und seine Familie verbringen drei Jahre der Ge-
fangenschaft in der Burg der sieben Türme
an der Theodisanischen Landmauer in Konstantinopel, während die Landvermesser, die
Napoleon zusammen mit 165 anderen Wissenschaftlern und Künstlern auf die Expedition
mitgenommen hat, ihre Berechnungen anstellen
und zu dem Schluss kommen, dass ein Kanal-
bau durch die Landenge von Sues, der das
Mittelmeer mit dem Roten Meer verbinden soll,
um im Welthandelswettlauf vor allem mit der
britischen East India Company deren Vor-
sprung durch kürzere Distanzen ein wenig ein-
zuholen, sehr aufwendig und kostspielig
wäre, da ein Niveauunterschied von fast zehn
Metern zwischen den beiden Meeren bestehe,
was sich ein halbes Jahrhundert später als
Irrtum herausstellen wird.

Nach weiteren Stationen in Sankt Petersburg
und Danzig endet die diplomatische Karriere von
Jean-Baptiste Barthélemy de Lesseps in Lissabon, wo er bis zu seinem Tod als *chargé d'af-
faires* der französischen Botschaft beschäftigt
ist. Fast vierzig Jahre nach dem Verschwinden
der Schiffe *Astrolabe* und *Boussole* entdeckt der
irische Kapitän Peter Dillon auf einer Handels-

schifffahrt durch die Salomonen Säbel und
andere Gegenstände, die er für Überreste der
lapérouseschen Expedition hält, als Deko-
rationsobjekte in den Behausungen der Einge-
borenen auf Tikopia und Vanikoro. Dillon
erwirbt die Gegenstände von den Inselbewohnern und bringt sie zurück nach Frankreich,
woraufhin de Lesseps, als einziger Überleben-
der der Expedition, aus Lissabon nach Versailles
zitiert wird, um ihre Echtheit zu beglaubigen.
Der inzwischen 62-jährige de Lesseps tritt die
Reise nach Paris gemeinsam mit seinem
Neffen Ferdinand Marie de Lesseps an, der
zwischen 1825 und 1826 bei seinem Onkel
in Lissabon als Assistent des Vizekonsuls
auf die eigene Diplomatenlaufbahn vorbereitet
wird, die ihn bald nach Tunesien, Algerien
und schließlich nach Ägypten führt, wo er am
25. April 1859 den ersten feierlichen Spaten-
stich zum Bau des Sueskanals in den Sand
der späteren Hafenstadt Port Said sticht und
zehn Jahre später, am 17. November 1869, gemeinsam mit der französischen Kaiserin
María Eugenia Ignacia Augustina Palafox de
Guzmán Portocarrero y Kirkpatrick, als Präsident der Sueskanal-Gesellschaft, den vollen-
deten Wasserweg zum ersten Mal in Richtung
des Roten Meeres durchschifft.

Über dem Lower Deck im Bauch des Schiffes,
wo sich der Zugang zum Maschinenraum befindet, und dem Upper Deck mit den Kabinen

für die Sueslotsen und den Ausgängen nach
draußen, auf den schmalen Weg die Reling entlang, sind die Etagen des stählernen Haupt-
gebäudes auf dem Schiff, das die beiden Künstler
nach China bringt, aufsteigend in alphabeti-
scher Reihenfolge mit Buchstaben versehen. Im
A-Deck befinden sich die Schiffsküche und
die beiden Messen für Crew und Offiziere, im
F-Deck die Kabine des Kapitäns und ein Büro
mit Konferenztisch, Computerarbeitsplätzen
und einer umfangreichen Sammlung von DVDs,
zur Ausleihe durch die Besatzung und die
Passagiere. Dazwischen Unterkünfte, Wasch-
küchen, Aufenthaltsräume, Bordbibliothek. In
der Messe der Crew nimmt sich jeder sein
Essen aus den Reiskochern und Warmhalte-
schalen von einem langen Buffettisch und sucht
sich einen Platz zwischen den anderen. In
der Offiziersmesse sind die Tische mit weißem
Tuch bedeckt und jedem Esser ist ein Platz
zugewiesen, an dem Vorspeise, Hauptgang und
Dessert vom Steward serviert werden. Für die
Passagiere ist an einem separaten Tisch gedeckt,
von dem aus man einen guten Blick hat auf
eine schmale Treppe, die die Offiziersmesse mit
dem Aufenthaltsraum des Kapitäns und seiner
Offiziere verbindet. Vor jeder Mahlzeit erfolgt
ein geordneter Auftritt von dieser Treppe
in den Raum der Messe. Man wünscht sich einen
guten Appetit und isst die täglich wechselnden
Gerichte, nicht hastig, aber ohne darauf unnötig
viel der freien Pausenzeit zu verschwenden.

Die Büste von Jean-François de La Pérouse, die
in der Offiziersmesse zwischen Obstschalen
vor einem der starbordseitigen Fenster steht und
der manchmal die Kordel der Jalousie um
den Hals gewickelt wird, um sie zu befestigen,
ist eine Nachbildung der 1828 angefertigten
Marmorplastik von François Rude aus dem
Marinemuseum in Paris. Nach einigen Tagen
der Versenkung in der fensterlosen Bordbibliothek auf dem E-Deck beginnt der Leser
und Autor seiner eigenen Aufzeichnungen,
einzelne Bücher mit in die Offiziersmesse zu
nehmen und dort zwischen den Mahlzeiten
am Passagiertisch zu studieren. Die Büste von
La Pérouse, die allen anderen Abbildungen
des Kapitäns, die der Lesende bis dahin gesehen
hat, sehr unähnlich ist, schaut vom Fenster
aus zwischen den Tischen hindurch auf die Tür
der Schiffsküche.

Im selben Jahr, in dem der Neffe des Russisch-
dolmetschers und einzigen Überlebenden
der lapérouseschen Expedition, de Lesseps,
zum ersten Mal den Sueskanal an der Seite
der französischen Kaiserin durchfährt, erscheint
die erste Ausgabe von Jules Vernes *20.000
Meilen unter dem Meer* in der Serie *Les Voyages
Extraordinaires* bei Pierre-Jules Hetzel. Das
neunzehnte Kapitel der Erzählung über die
Weltreise des Unterseebootes *Nautilus* unter dem
Kommando von Kapitän Nemo trägt den Titel
Vanikoro und handelt von der Entdeckung

versunkener Wrackteile der bereits legendär
gewordenen Schiffe Astrolabe und Boussole an
einem tief unter dem Meeresspiegel gelegenen
Riff der Insel (vielsagenderweise zwischen den
beiden Kaps *Deception* und *Satisfaction*). Die
unfreiwillig an Bord der Nautilus mitreisenden
Wissenschaftler sind in heller Aufregung über
die Entdeckung, mehr noch, als ihnen Kapitän
Nemo eine blecherne Büchse präsentiert,
die „mit dem Wappen Frankreichs gestempelt
und ganz von Salzwasser zerfressen war".
Sie enthält „einen Pack vergilbter, doch noch
lesbarer Papiere. Es waren die Originalinstruk-
tionen des Marineministeriums für den Kom-
mandanten La Pérouse, mit Randbemerkungen
von der Hand Ludwigs XVI."

„Ach, ein schöner Tod für einen Seemann!,
sagte darauf der Kapitän Nemo. Dieses Koral-
lengrab ist eine ruhige Gruft und gebe der
Himmel, dass ich mit meinen Gefährten nie
ein anderes bekomme."

Die Bewegung der Scheibe des Meeres, wie
sie sich den beiden Künstlern auf der vordersten
Spitze des Schiffes darstellt, der Versuch
der Beschreibung der Wahrnehmung, der immer
wieder hilflos abgleitet in den Vergleich, das
beständige Fließen unter und neben dem Schiff,
bei gleichbleibender, unbewegter Horizontlinie, starr wolkenlos und blau darüber gewölbter
Himmelskuppel, den fest verankerten Con-

tainertürmen in ihrem Rücken, wirft die beiden
Künstler, wie sie da stehen und schweigen,
auf sich selbst zurück in der gleichen Weise wie
das Lesen in der Bibliothek. Ich kann dir nicht
sagen, was ich sehe, obwohl ich weiß, dass
du es auch siehst. Oder weil ich weiß, dass du es
auch siehst. Ich weiß, dass meine Worte nicht
das bedeuten, was wir vor uns haben. Die
Gedanken gehen dahin über die weite Fläche
ohne Widerstand und es kommt nichts zurück
als Rauschen der Bugwellen, Dröhnen der
Motoren und Fauchen der Ventilatoren in den
Luftschächten.

Die Bücher, erklärt Kapitän Nemo seinem
Gefangenen Professor Arronax in der Bibliothek der Nautilus, seien die einzigen Bande,
die ihn noch an die Erde fesselten. Der Professor ist erstaunt von Umfang und Ausstattung
der Bibliothek, er hätte nicht gedacht, eine
solche Auswahl, die „manchem Palast auf der
Erde Ehre machen würde", auf einem U-Boot
zu finden. „Wo fände man einen stilleren,
ungestörteren Aufenthalt, Herr Professor?",
entgegnet der Kapitän, „seit dem Tage, wo
mein Nautilus zum ersten Mal unter die
Gewässer tauchte, existiert die Welt für mich
nicht mehr. An jenem Tage habe ich meine
letzten Bücher, meine letzten Broschüren und
Zeitschriften gekauft, und seitdem lebe ich
in dem Gedanken, dass die Menschheit nichts
weiter gedacht und geschrieben hat. Diese

Bücher, Herr Professor, stehen übrigens zu Ihrer
Verfügung, um nach Belieben davon Gebrauch
zu machen."

Auf die Rückseite des letzten, unbedruckten
Blattes in der Ausgabe der *20.000 Meilen unter
dem Meer*, die der Lesende aus der Bordbibliothek mit an den Passagiertisch der Offiziersmesse genommen hat, wurde von einem vorigen
Leser oder einer Leserin mit blauem Kugel-
schreiber in ordentlicher Druckschrift ein kurzes
Gedicht geschrieben. Es lautet:

Wir leben hier
wie die Vampire
von der Begeisterung
der Passagiere

Das Schiff, das die beiden Künstler nach China
bringt, ankert am späten Abend vor der Hafenstadt Port Said, um am nächsten Morgen
in einem Konvoi aus Containerschiffen in den
Sueskanal einzufahren. Der Erste Offizier ihres
Schiffes erklärt den beiden Künstlern, dass
die Reederei für ein Schiff dieser Größe knapp
fünfhunderttausend Euro pro Durchfahrt an
die Suez Canal Authority überweisen muss,
deren Verwaltungssitz sich in der Stadt Ismailia
am Timsahsee befindet und die aus der 1956
enteigneten *Compagnie universelle du canal
maritime de Suez* hervorgegangen ist, die Ferdinand Marie de Lesseps zur Finanzierung des

Kanals gegründet hatte und deren Präsident
er bis zu seinem Tod gewesen ist. Das invasions-
biologische Phänomen, das seit der Eröffnung
des Sueskanals in den beiden Meeren, die er
verbindet, festzustellen ist, also der Austausch
von Lebewesen (überwiegend Fische, Krebse,
Quallen und Mollusken) aus den beiden
vormals getrennten Faunengebieten, wird in
Erinnerung an den Gründer der Sueskanal-
gesellschaft als *Lessepsche Migration* bezeichnet.

Nachts erfasst der Blick von der Reling des
ankernden Schiffes, als keine weißschaumigen
Kämme mehr die Bugwellen erahnen lassen,
die sonst vom Rumpf her in die Dunkelheit
davonrollen, nichts als dichtes Schwarz, in dem
in einiger Distanz andere Containerschiffe
unbewegt und schwach beleuchtet auf die Einfahrt in den Kanal am nächsten Morgen warten.
Der Himmel ist voll von Sternen, die aber
von der Wasseroberfläche nicht reflektiert
werden, als wäre dieser Meeresspiegel blind geworden über die Jahrtausende oder als wäre
da tatsächlich gar nichts mehr vorhanden.
Leere, Abwesenheit, die visuelle Entsprechung
fehlender Worte.

Der Leser, der spät in der Nacht in diese Boden-
losigkeit hinabschaut, fragt sich, was die Seeleute der Gegenwart erwarten. Welches
Verhältnis haben die Seefahrerinnen und Seefahrer in dieser Zeit zu den Ozeanen, auf denen

sie den Großteil ihres Lebens verbringen, und die völlig überspannt und bedeckt sind mit Geschichten, Assoziationen, Zuschreibungen und unendlich vielen Verweisen auf die Sehnsucht und den Größenwahn ihrer Vorgängerinnen und Vorgänger? Beim Schauen ins vollkommene Dunkel des nächtlichen Mittelmeers, als kein Krachen von Wellen zu hören ist, nichtmal ein Schlökkern, stellt sich der Leser vor, es wäre gar nicht das Salzwasser, auf dem sie schwimmen, sondern die Milliarden Buchseiten und Notizzettel, Seekarten, Illustrationen, Reiseberichte und Logbücher, in die sie ihren Anker hineingeworfen haben. Dazwischen der ganze historische Krempel, riesige, in Gold gerahmte Schinken niederländischer Marinemalerei, Seeschlachten und Stürme, aber auch Uniformjacken, „Degen, eiserne Geräte, Anker, Steinpöller, eine achtzehnpfündige Kugel, Trümmer von astronomischen Instrumenten, eine bronzene Glocke mit der Inschrift *Bazin hat mich verfertigt.*" Der Leser spürt eine gewisse Traurigkeit darüber, dass seine Fragen bei der Besatzung berechtigterweise auf die Skepsis der Arbeiter und Ingenieure treffen werden, die sehr wahrscheinlich, um weiter fort- und voranzukommen, die Position der Künstler, ihr Sprechen in Metaphern und Vergleichen, als ebenso suspekt empfinden müssen wie Barthélemy de Lesseps die Trägheit der Kamtschadalen. Und schließlich ist eine Fahrt auf dem Containerschiff

von Hamburg nach China, so steht es in den
Statuten aller Reedereien, die diese Route bedienen, worin Mitreisende schon im Vorfeld
ihrer Einschiffung durch Unterschrift und den
Vermerk *read and approved* einwilligen, ausdrücklich, absichtlich und letztgültig KEIN
Abenteuer.

Am nächsten Tag sehen die Künstler durch die
Fenster ihrer Kabinen, von den Balkonen
der Außentreppen und der Brücke aus, nur
Land: Wüste, Befestigungsanlagen, Kasernen,
Zäune, Mauern, tonnenförmige Wachtürme,
müde Soldaten in der Sonne. Es herrscht eine
seltsame, etwas stumpfsinnige Nervosität
auf dem Schiff. Ständiges Rein- und Rausgehen,
Schwitzen, Rumsitzen, die weißhaarigen Sueslotsen in ihren weißen Uniformen essen und
rauchen, ein paar Ruderboote werden in ange-
messener Distanz am Ufer entlanggepaddelt.
Der Kanal ist über seine gesamte Länge befestigt
und bewacht, moderner Schatz Ägyptens,
Haupteinnahmequelle der Regierung in Zeiten
innenpolitischer Spannungen und ausblei-
bender Urlauber. Der Leser erinnert sich beim
Anblick dieser Landschaft an das Schreiben,
das Napoleon Bonaparte, nachdem seine
Truppen die Stadt Alexandria eingenommen
hatten, auf den mitgebrachten Druckmaschinen
vervielfältigen und unter den Ägyptern ver-
teilen ließ. Niemand habe die französischen
Truppen zu fürchten, heißt es darin, außer den

Mameluken, deren Herrschaft über dieses Land nun gebrochen werde, da es ihnen nicht zustehe und sie sich viel zu lange schon am besten daran („schöne Mädchen, herrliche Hengste und freundliche Häuser") unrechtmäßig bereichert hätten. „Alles Wohl und Heil wird den Ägyptern geschehen," heißt es in dem Brief, der von Abd al-Rahman al-Ğabarti in seiner Mitschrift der Ereignisse vollständig wiedergegeben wird, „die uns ohne Verzögerung zustimmen; ihre Lage wird angenehm sein, und ihre Gehälter werden zunehmen. Wohl wird es auch jenen ergehen, die in ihren Wohnungen bleiben und keiner der beiden kriegführenden Parteien zuneigen. Denn wenn sie uns besser kennenlernen, werden sie aus ganzem Herzen uns zueilen. Doch Weh über Wehleid steht jenen bevor, die die Mameluken im Krieg gegen uns unterstützen; sie werden später keinen Ausweg zur Rettung mehr finden, und keine Spur von ihnen wird übrigbleiben! Jedes Dorf, das sich gegen das französische Heer erhebt, wird mit Feuer verbrannt."

„Jeden Tag gab es mehr Gerüchte darüber, wie nahe die Franzosen an Kairo herangelangt seien; doch die Ansichten der Leute darüber, aus welcher Richtung man sie zu erwarten habe, widersprachen sich. Manche sagten, sie kämen von der westlichen Wüste her; andere, nein, aus der östlichen; und noch andere: vielmehr von beiden Seiten. Dies war die Lage."

Wer an Steuerbord nach draußen geht, sieht dort
hinter den Befestigungsanlagen immer wieder
Palmwipfel, Oasen von Grün, Wohnsiedlungen
und Landwirtschaft – Ausläufer des frucht-
baren Nildeltas, das im Norden der Strecke bis
an den Kanal heranreicht. Backbordseitig
dagegen nichts als Dünen und sandfarben ge-
tarntes Militär, ein paar unfertig und leer in der
Landschaft stehende Wohnblöcke aus Beton,
im morgendlichen Dunst nur auf den zweiten
Blick von den Containerschiffen zu unterscheiden, die in Richtung Mittelmeer auf dem
östlichen Ausweichkanal durch den Wüstensand passieren. *Wüsten der Wahrnehmung*,
denkt der Leser und Autor seiner eigenen Aufzeichnungen beim Schauen in diese Landschaft.
Muss ich mir das jetzt aufschreiben? Aber
was? *Die Gefährlichkeit der großen Ebene*. Auf
eine Theorie der Ungreifbarkeit, der Leere und
der Sprachlosigkeit, denkt der Autor seiner
eigenen Aufzeichnungen, die aber fehlt, müsste
man sich beziehen können.

Die fehlende Vorstellung davon, was das Containerschiff ganz konkret für ein Ort und
Arbeitsplatz ist, von der landseitig zurückgebliebenen Gesellschaft her gedacht, deren
Nachfrage diesen Konvoi und den nächsten
täglich neu durch den Kanal schickt, hat ihren
Grund wohl vor allem in der paradoxen
Tatsache, dass dieser Ort und Arbeitsplatz
nicht mal an Bord des Schiffes wirklich erfahr-

bar wird. Die höchste Konkretion der Arbeit,
denkt der Leser an Deck, wird vielleicht beim
unermüdlichen Abschleifen und Neulackieren
der Außenhaut des Schiffes erfahren. Jeden Tag
ist eine Gruppe Vermummter an Deck unterwegs, mit Schleifmaschinen, Lackeimern
und Farbrollern an langen Stangen. Sobald aber
die rostigen Flecken am einen Ende des
Schiffes freigelegt und neu überstrichen sind,
brechen sie am anderen Ende schon wieder
durch die frischen Lackschichten hervor. Eine
offensichtlichere Manifestation sisyphotischer
Arbeit in gegenwärtiger Zeit ist dem Leser
an Deck nicht vorstellbar. Er bekommt den
Eindruck, dass es sich bei diesem Gedanken gar
nicht um eine Eigenleistung seines Gehirns
oder Bewusstseins handelt, sondern vielmehr
um ein Beispiel dafür, was gemeint ist, wenn
es heißt: „für den gewöhnlichen Zustand
unseres psychischen Lebens sollte es heißen:
es denkt in mir.“

Die Container jedenfalls, die über dieser andauernden Schleif- und Streicharbeit aufgetürmt
sind, die hunderttausend Tonnen *Fracht*, die
sie enthalten und verbergen, bleiben als höchste
Priorität der Fahrt, als Anlass, für sie und
um sie herum die Arbeitsplätze der Besatzung
überhaupt erst zu schaffen, stur, still, recht-
eckig und unbewegt stehen – Symbole und
zugleich Projektionsflächen, vierzehntausend
Möglichkeitsräume (20' ISO, 33,1m³ Innen-

volumen), die derjenige, der vom Lesen eine
Pause macht an Deck, eingeladen ist, mit
der eigenen Fiktion aufzuladen. Das habe ich,
denkt dieser Eingeladene, eigentlich immer
unter dem sogenannten *Rahmen der Möglichkeiten*
verstanden: die Summe dessen, was man sich
vorstellen kann.

Die Vorüberfahrt am Berg Sinai erfolgt erst nach
Sonnenuntergang. Der Mann Moses, berüch-
tigter Ägypter, nimmt dort im Dunkeln die
Gesetze der Physik entgegen, um wenig später
das Land zu spalten und zu teilen, dass ein
Wasserweg entstehe, auf dem unser Mobilfunk-
zubehör ungehindert passieren kann. Im
Licht der Neonröhren der Offiziersmesse ist
der Filterkaffee am nächsten Morgen ein
schwarzer Spiegel, wie das Smartphone ohne
Empfang, dem auf der Suche nach vertrauten
Signalen längst der Strom ausgegangen ist.
Auf der Kommandobrücke liegt das Rote Meer
ausgebreitet auf dem Kartentisch. Im Hafen
von Dschidda ist der nächste Halt vorgesehen.
Die Länder Israel, Jordanien, Sudan, Eritrea,
Jemen, Dschibuti und Somalia tauchen lediglich
an den Rändern der Seekarten auf. Sie werden
vom Schiff, das die beiden Künstler nach
China bringt, in zu großer Entfernung passiert,
um je in Sichtweite zu geraten.

„‚Hat man Nachrichten von La Pérouse?‘, fragte König Ludwig XVI. am Vorabend seiner Hinrichtung im Jahre 1792.“

Klaus Fischer,
Zu den Klippen von Vanikoro

„Nur dasjenige zu studieren, was die Zeitgenossen über Raum und Zeit zum Besten geben, wäre völlig unzulänglich. Aufgelöst werden muss vielmehr, da jedes Benehmen eine Geheimtheorie enthält, das *behavior*: also wie die Arbeitenden, Reisenden, Freizeitkonsumenten, Ungeduldigen, Gelangweilten von heute sich den Tatsachen Raum und Zeit gegenüber benehmen. Und das Ergebnis solcher

Beobachtungen wird dann die widersinnig und un- wissenschaftlich klingende Gleichung Zeit = Langsam- keit aufs Verblüffendste bestätigen. Denn Raum und Zeit werden sich als *Formen der Behinderung*, geradezu als die zwei Grundformen der Behinde- rung herausstellen."

Günther Anders,
Die Antiquiertheit des Menschen (II)

„Das Schiff kann zwar Symbol des Aufbruchs sein, aber es ist auf noch tiefere Weise Chiffre der Einschließung. Sinn für das Schiff ist immer die Freude, sich vollkommen einzuschließen, die größtmögliche Zahl von Objekten zur Verfügung zu haben, über einen absolut begrenzten Raum zu verfügen. Schiffe lieben heißt zunächst ein superlativisches Haus lieben, eines, das unwiderruflich abge-

schlossen ist, und heißt durchaus nicht die unbestimmten großen Aufbrüche lieben."

Roland Barthes,
Nautilus und Trunkenes Schiff

„Die Zeit ist immer schon da, genau wie die Luft: abstrakt, neutral, indifferent bietet sie sich an zum je konkreten Verbrauch."

Aleida Assmann,
Zeit und Tradition

[121]

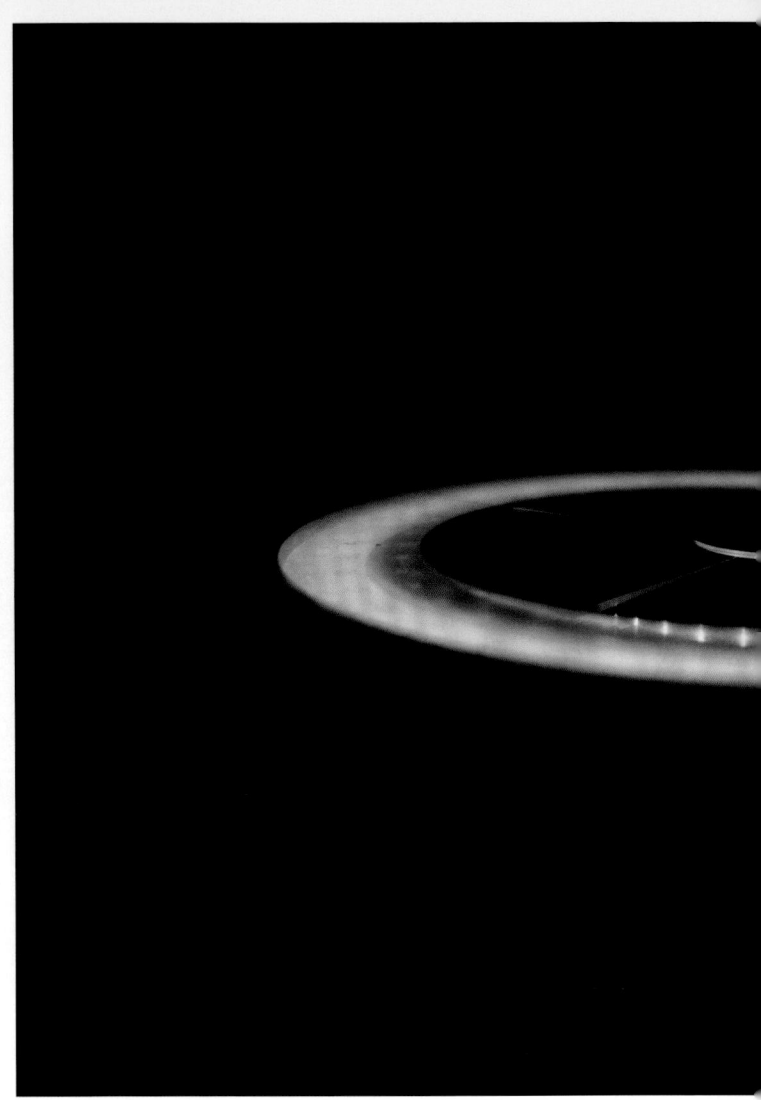

Karaoke

Obwohl Signale ausgesendet und auch Einladungen ausgesprochen werden, auf den Fluren des Stahlgebäudes und draußen an Deck, wenn man sich gegenseitig Platz macht, um aneinander vorbeigehen zu können, haben die beiden Künstler Skrupel, abends den Aufenthaltsraum der Crew aufzusuchen, um dort ihre freie Zeit gemeinsam mit der Besatzung zu verbringen. Den Skrupeln zugrunde liegt das Gefühl, dafür schon selbst Arbeiter auf diesem Schiff sein zu müssen. Also eine Aufgabe zu haben, die einen mit den anderen verbindet und die tatsächlich mit dem Vorankommen und Funktionieren des Schiffes, seiner Wartung und Pflege zusammenhängt und etwas anderes ist als Lesen und Schreiben, Wahrnehmen und Fotografieren und die Zeit und den Anblick des Ozeans, die weiten Horizonte durch den eigenen Kopf hindurchgehen zu lassen.

Im Fahrstuhl, der die Stockwerke des Stahlgebäudes miteinander verbindet und der von allen Besatzungsmitgliedern täglich benutzt wird (solange der Neigungswinkel beim Rollen um die Längsachse weniger als 15° beträgt), hängt zwischen dem Menüplan für die Offiziersmesse und dem Bedienfeld zur Stockwerksanwahl eine A4-Klarsichtfolie, in der tagesaktuelle

Ankündigungen und Aufforderungen allge-
meiner Art (z.B. zur sparsameren Verwendung
von Waschpulver) für und an die Besatzung
vom Kapitän oder von Offizieren der oberen
Ränge hinterlassen werden können. Regelmäßig finden sich in dieser Klarsichtfolie An-
merkungen zum richtigen Umgang mit dem
digitalen Arbeitszeiterfassungssystem. Meistens
wird ein achtsames Verhältnis zu den eigenen
Ruhestunden angemahnt (*„Be careful with your
rest hours"*), was die Vermutung nahelegt,
dass Ruhe- und Arbeitszeiten im Alltag der
Besatzung vielleicht weniger scharf voneinander
zu trennen sind als im Programm zu ihrer Er-
fassung.

Für die Künstler, deren Stunden, im weitesten
Sinn frei, von keinem System überwacht
werden, verliert die Zeit, tagsüber und nachts,
beim Blick aus den Fenstern, von der Reling,
von Bug und Heck auf die Landschaft aus
Wellen und Wasser, beim Schlafen hinter zuge-
zogenen Vorhängen oder abgeschlossen und
vertieft in der fensterlosen Bordbibliothek, ihre
Form und Funktion, zerfließt in Unbestimm-
barkeit und ist zu Orientierungszwecken nicht
mehr zu gebrauchen. Die Geschichte dessen,
was sich auf den Meeren abgespielt hat, wäre an
den Wracks in ihren Tiefen abzulesen und
ist sonst nur aus den Büchern hervorzuholen. Die
Oberfläche, bewegt oder ruhig, kennt die Zeit
bloß in der zyklischen Wiederkehr von Tag

und Nacht oder den gänzlich unfassbaren Dimen-
sionen der aus dem All herableuchtenden
Gestirne, deren Alter und Geschichte auch als
Zahlen auf dem Papier den Geist all derer
sprengen, die sich etwas darunter vorzustellen
versuchen. Irgendwann werden die Ozeane
selbst zu Metaphern für die auf ihnen gemachte
Erfahrung, für die aus den Fugen geratene
Zeitwahrnehmung, wird der Alltag *ozeanisch*
und werden die weiten Flächen zum Bild für
leere Stunden ohne Vorgabe, wie sie zu nutzen
sind. Der Ozean, der einen umgibt in seiner
lebensbedrohlichen Ausdehnung, muss vom Betrachter zum Sinnbild umgedeutet werden,
zum Repräsentanten für alles, was zu groß ist,
um fassbar zu sein, zu viel, um damit in einen
sinnvollen Umgang zu kommen, um dem, was
in einem vorgeht, ist man auf ihm unterwegs
für Wochen, einen Namen geben zu können. Der
Zeit ist es schließlich, wie dem echten Meer,
vollkommen gleichgültig, wer in ihr verlorengeht.

„Seine Unstimmigkeiten auszubessern, immer
wieder zur Einstimmigkeit der Daten als solchen
einer Erfahrung zurückzufinden, bleibt die
konstitutive Leistung des Bewusstseins, die es
dessen versichert, der Wirklichkeit und nicht
Illusionen zu folgen."

Unterscheiden sich die ereignislose Wache auf
der Brücke, die Stunden vor den Kontroll-
monitoren im Maschinenraum, die unendliche

Wiederholung derselben Handgriffe durch ihre Definition als *Arbeitszeit* (und den dafür ausgehandelten Stundentarif) tatsächlich qualitativ von der *Freizeit*, die auf sie folgt, wenn beide am selben Ort, im Stahlgebäude des Schiffes, verbracht werden müssen? Sind die Besatzungsmitglieder über die gesamte Dauer ihres *Contracts* auf dem Schiff am Arbeiten, auf eine hybride, unklar abgegrenzte Weise auch dann noch, wenn sie in den Aufenthaltsräumen und Kabinen freie Zeit verbringen? Und ist es daher nicht, denken die Künstler, bevor sie die Einladung in den Aufenthaltsraum der Crew schließlich doch annehmen, eine Projektion, eine Unterstellung der Unterscheidbarkeit der Zeit, wie sie auch das Arbeitszeiterfassungssystem macht, wenn sie davon ausgehen, dass sie, die Künstler, durch ihre Arbeitslosigkeit auf dem Schiff die Erfahrung derer, die Arbeit haben, nicht wirklich nachvollziehen können?

Reiseagenturen, die sich auf Fahrten mit Containerschiffen spezialisiert haben und die zwischen Reedereien und Passagieren vermitteln, bewerben ihre Angebote oft mit dem Slogan der *Entdeckung der Langsamkeit*. Es soll dabei ein Bedürfnis nach Entschleunigung in den potenziellen Kunden angesprochen werden, das seinen Ursprung in der körperlichen und seelischen Überforderung beim Reisen als einer möglichst schnellen Überwindung von Distanzen hat, wie es für diese potenziellen Kunden

längst Normalität geworden ist. Das Verspre-
chen ist die Gelegenheit zum Ausbruch aus
dieser paradoxen Normalität des permanenten
Exzesses von Geschwindigkeit. Ein sehr lang-
samer Ausbruch, der für seinen Vollzug mehrere
Wochen benötigt und an dessen Ende die
Wertschätzung des Weges, der Strecke, der
Welt als riesenhafter steht. Die Reiseagenturen
bieten damit eine spirituelle Erfahrung, eine
Bewusstseinsveränderung, wenn nicht direkt
formuliert, so doch implizit mit an. In Ab-
grenzung zu Reisen auf konventionellen Kreuzfahrtschiffen wird das Containerschiff als ein
Ort beworben, der diese spirituelle Erfahrung
ohne Ablenkung ermöglicht, in Konzentration
und Kontemplation, weil auf ihm alle Stör-
faktoren des Kreuzfahrtschiffes (Unterhaltungs-
programm, Einkaufspassagen, Partys, andere
Passagiere) abwesend und durch die schweig-
same Omnipräsenz der Container und ihrer un-
bekannten Ladung ersetzt sind.

Auf den Containerschiffen sind die Passagiere
als Mitfahrer und zahlende Lebendfracht eine
Art Zwischenwesen zwischen Touristen und
Arbeitern. Während die Kreuzfahrt dem Selbst-
zweck der Kreuzfahrt dient und eigentlich
gar keine Reise, sondern vielmehr vollversorgte
Freizeit im *superlativischen Haus* ist, sind die
Passagiere auf den Containerschiffen nachrangig
Angehängte an ein Teilstück des logistischen
Prozesses des Welthandels. Und es ist diese

quasi-marginalisierte Position im größeren Ge-
füge, die von den Reiseagenturen indirekt
beworben wird: gerade weil die Fahrt einem
ganz anderen Ziel folgt als der Verwöhnung
ihrer Mitfahrenden, kann auf ihr noch eine
Erfahrung gemacht werden, die dem alltäglichen
Eingehegtsein in Konsum und Dienstleistung
enthoben ist. Da auf dem Schiff kein anderer
Alltag vorgesehen ist als der der Beschäftigten,
befinden sich die Mitfahrenden permanent
in einem Umfeld der Arbeit, ohne dabei selbst
etwas zu tun zu haben. Auf die gleiche Art,
wie die richtigen Arbeiter auf dem Schiff
in ihrer Freizeit nicht wirklich freie Zeit haben.

Bei ihrem ersten Besuch im Aufenthaltsraum
der Crew werden die beiden Künstler sehr
freundlich begrüßt. Man macht ihnen zwei Bar-
hocker am Tresen frei und drückt ihnen auch
gleich gekühlte Getränke in die Hände und
einen dicken Ordner, in dem alle verfügbaren
Titel der Karaokemaschine aufgelistet sind.
Vor die Fenster des Aufenthaltsraumes der Crew
sind lichtdichte Jalousien gezogen, die Beleuch-
tung ist schwach, bunte Punkte einer Lichtorgel
wandern über die Wände und die Gesichter
der Besatzung. Den ganzen Abend steht jemand
vor der Maschine und singt in einer Lautstärke,
die Unterhaltungen unmöglich oder auch unnötig macht. Wer mit Singen an der Reihe ist,
steht auf und stellt sich vor die anderen, die
auf den Sofas und Barhockern sitzen bleiben,

tritt an den Mikrofonständer heran und wird
vom Schein des Bildschirms, auf dem der Text
abläuft vor einem Hintergrund aus kurzen
Clips von halbnackten Frauen, die sich räkeln,
in verschiedenen Szenarien, in Bettwäsche,
am Strand oder auf Motorhauben, bläulich
beleuchtet.

Und als einer der Öler auf dem langen Sofa unter
der Fensterreihe seine Gabel zur Textzeile
„like a drifter I was born to walk alone" aus dem
Whitesnake-Song *Here I Go Again* mit besonders dramatischer Emphase in den gegrillten
Schweinekopf sticht, der vor ihm auf dem
Couchtisch steht, denke ich, den dicken Ordner
auf dem Schoß, dass dieser Aufenthaltsraum
hier, dieser eigentlich unmögliche Ort, der
gleichzeitig maximal statisch und in ständiger
Bewegung ist, der mehrmals im Jahr um die
Welt reist, nur gedacht und verstanden werden
kann als eine Hervorbringung der selbst nomadischen, ruhelos ständig weiterwandernden
industriellen Produktion, die, begünstigt durch
die Erfindung des Containers, immer neu
ihre Standorte dorthin verlagert, wo die Arbeits-
kraft am günstigsten ist. „Going down the
only road I've ever known", singt der Sänger am
Mikrofon, „I've made up my mind, I ain't wais-
ting no more time". Ich denke, dass außer
den beiden Künstlern alle Anwesenden im Raum
für neun bis zehn Monate auf den Frachtschiffen anheuern, *year after year*, und dass die

Karaoke unter Umständen deshalb so populär ist
in den Aufenthaltsräumen der Crews auf den
Ozeanen, weil sie als performatives Ausfüllen
der Leere, als ekstatisch emotionale Mensch-
Maschine-Vereinigung, die einzig denkbare
Hymne dieser ortlosen Arbeiter ist (*„ever chang-
ing, ever the same"*).

Der Begriff *Karaoke* ist eine Kombination aus
den japanischen Wörtern *karappo* für „leer" und
okesutra für „Orchester". Die erste Erwähnung
einer kommerziellen Karaokebox, als abge-
schlossener Raum mit entsprechender Ausrüs-
tung, der ausschließlich zum Singen von Karaoke
an Gruppen vermietet wurde, stammt aus
dem Jahr 1984 und beschreibt einen umgebauten
Frachtcontainer westlich von Kansai, am
Rand eines Reisfelds in der Präfektur Okayama
in Japan.

Der nächste Sänger, der am Abend des ersten
Besuchs der beiden Künstler im Aufenthaltsraum der Crew ans Mikrofon tritt, kündigt
seine Performance als Hommage an die deutschen Ehrengäste an. Und noch bevor der
Seemann seine Lippen schürzt, um die ersten
Töne der prominenten Melodie zu pfeifen,
ist irgendwie schon klar, dass es sich um *Wind
of Change* von den Scorpions handeln wird.
Die Blicke der anderen Seeleute auf den Barhockern und dem Sofa richten sich auf die
Künstler, um ihre Reaktionen zu beobachten.

Den beiden Gästen versteinern die Gesichter zu
freundlich lächelnden Grimassen, während
der Sänger die komplexe moralisch-emotionale
Fracht des Scorpions-Songs mimisch und
ganzkörperlich ausagiert, die richtigen Klaus
Meine Gesten setzt und sich auch im Gesang
vom Original kaum unterscheidet. Und wahrscheinlich, weil es der singenden Besatzung
eine willkommene Abwechslung zum Gewöhnlichen ist und in ihren Augen zum guten Ton
gehört, wird unmittelbar nach dem Ausklingen
der letzten Akkorde, unter dem aktiven Applaus
der Künstler (hinter ihren versteinerten Ge-
sichtern werden noch Stacheldrahtrollen
zerschnitten und Wunderkerzen geschwenkt),
gleich das nächste Stück in die Maschine eingegeben und als ganz speziell für sie ausgewählt
angekündigt. Da ihnen die ersten Töne hier
überhaupt nicht bekannt vorkommen, schlagen
die beiden Künstler im dicken Ordner die
Nummer nach, die eben eingegeben wurde. Als
Interpretin ist dort Nina Hagen gelistet und
unter der Rubrik „Titel": *Zarah*.

Die Großereignisse der Überfahrt: Wetter und
Wellen, Regenbänder, die als trübe Schlieren
an den Horizonten vorüberziehen und hellgrau
durchglänzte Tordurchfahrten bilden, orange-
leuchtende Wolkentürme im Abglanz der
untergehenden Sonne, die übermäßig hellen
Strahler der Fischerboote in der Nacht, Gischt-
fontänen, die am Bug aufspritzen und als

weißer Regen über die Ladung kommen, verspielte Delfine, fliegende Fische, Sturmvögel, schwerer Seegang, wild von Schaum durchäderte Wellenrücken, elektrisch aufzuckende Gewitter, nachts, in tiefhängenden, düstervioletten Wetterfronten, Klopfen und Surren aus den Zwischenräumen zwischen den Containern, spitze Hitze, Trommeldonner, das knisternde Murmeln in tausend Sprachen aus dem Funkgerät auf der Kommandobrücke, der weiße Mond, salzige Lippen, das endlose Gesprudel am Heck, wo uns der riesige Propeller unsichtbar vorwärtswühlt, Treibgut, Sinnestäuschungen, Träume von unaufhörlich sich gegeneinander verschiebenden Riesenmassen, zerfallende Zeit, Dunkelheit, Vergessen, Losgelöstheit vom Weltgeschehen, elementare Erdennähe, Einbildung.

Über den Clip einer jungen Frau, die nichts als ein bis zum Bauchnabel aufgeknöpftes Herrenhemd trägt und sich auf einem Fell oder einem langhaarigen Teppich auf dem Rücken hin und her dreht und dabei die Beine abwechselnd anwinkelt und ausstreckt wie jemand, der unruhig schläft, werden die ersten Textzeilen eingeblendet. *„Ich weiß, es wird einmal ein Wunder geschehn, und dann werden tausend Märchen wahr. Ich weiß, so schnell kann keine Liebe vergehn, die so groß ist und so wunderbar."* Eine Synthesizergeige ertönt aus den Boxen der Karaokemaschine. Es klingt wie das Keyboardsolo einer

Person, die nur einen einzigen Finger zur Verfügung hat. Der Sänger bekommt zwar die
einzelnen Wörter nicht erkennbar artikuliert,
aber die Melodie stimmt und das betont über-
deutlich gerollte *r* auch.

Das Lied, das der Seemann den beiden Künstlern zuliebe ausgewählt hat, erscheint in Nina
Hagens Synthiepop-Version erstmals auf dem
Studioalbum *Angstlos* von 1983, das für den
englischsprachigen Markt als *Fearless* neu auf-
gelegt wird, mit einer zweisprachigen Fassung
von *Zarah*. Der Originaltitel *Ich weiß, es wird
einmal ein Wunder geschehn* wird 1941 von
Michael Jary für den NS-Propagandaspielfilm
Die große Liebe komponiert, von Bruno Balz
im Gestapo-Gefängnis in Berlin getextet und
von Zarah Leander für die Ufa-Produktion,
in der sie die weibliche Hauptrolle der Sängerin
Hanna Holberg spielt, eingesungen. Der Textdichter Bruno Balz ist aufgrund des Tatbestands
der Homosexualität inhaftiert und gefoltert
worden und soll eigentlich vom Gestapo-Haupt-
quartier in ein Konzentrationslager deportiert
werden. Die Legende besagt, dass Michael Jary
bei Propagandaminister Joseph Goebbels
um Balz' Freilassung ersucht hat, um mit ihm die
Filmmusik für *Die große Liebe* fertigstellen zu
können, die Anteil haben sollte an der Aufrecht-
erhaltung der Moral in der Gesellschaft und
der Unterstützung des eben begonnenen Über-
falls der Wehrmacht auf die Sowjetunion im

sogenannten *Unternehmen Barbarossa*. Die Freiheit, die Bruno Balz daraufhin gewährt wird,
ist an so viele Auflagen geknüpft, dass sie vielmehr wie eine Fortsetzung der Haft mit anderen
Mitteln erscheint: Zwangsheirat, Parteiein-
tritt, Auslöschung des Namens und aller fotogra-
fischen Zeugnisse der Person im Zusammenhang mit ihrer Arbeit als Liedtexter. Balz darf
nicht mehr fotografiert oder erwähnt werden,
die öffentliche Person, die er gewesen ist,
wird beseitigt, wie stellvertretend für die tat-
sächliche Ermordung, die vorerst aufgeschoben
ist.

In der Filmhandlung von *Die große Liebe* verliebt
sich ein Luftwaffenpilot (Viktor Staal) auf
Heimaturlaub in Berlin bei einem Konzertbe-
such in die von Zarah Leander gespielte
Sängerin Hanna Holberg. Er verfolgt sie nach
dem Konzert, drängt sich ihr mehrfach auf,
in der U-Bahn und auf einem Empfang, stellt
ihr nach bis zu ihrem Wohnhaus und muss
dort von der Sängerin aufgrund eines Flieger-
alarms mit in den Luftschutzkeller genommen
werden, wo er sich der Hausgemeinschaft
anbiedert und sich als gemeinsinniger, uner-
schrockener Optimist inszeniert. Der Pilot
lässt sich auch nach dem Bombenangriff nicht
wegschicken, verfolgt die Sängerin bis in
ihre Wohnung und als er aufgefordert wird,
zu gehen, drückt er die Zimmertür ins Schloss
und versperrt den Weg nach draußen. Von

dieser Szene erfolgt eine Überblendung auf
einen bewölkten, aber vom Sonnenlicht durch-
glänzten Himmel, die suggeriert, dass dem
Piloten (wie auch dem Reich, dem er dient)
keine Grenzen gesetzt sind, wenn er nur den
Mut hat, zuzugreifen und sich zu nehmen, was
er will. Die Sängerin, die bis zu dieser Szene
kühl abweisend und unbeeindruckt von den
aufdringlichen Nachstellungen des Piloten war,
wird im folgenden Film komplett verwandelt
dargestellt: schwer verliebt, sehnsüchtig auf
die Wiederkehr des Piloten, auf Nachrichten
und Lebenszeichen wartend, an nichts anderes
mehr denkend als an eine möglichst rasche
Heirat, der sie auch die eigene Karriere bereit-
willig opfern würde.

Noch am Tag der Hochzeit von Luftwaffenoffizier und Sängerin wird der Pilot an die
Front im Krieg gegen die Sowjetunion abbe-
rufen. Von diesem Einsatz, der anscheinend
gefährlicher ist als seine bisherigen Flüge,
schreibt der Pilot der Sängerin einen Brief, in
dem er ihr die Trennung nahelegt, weil es
verantwortungslos wäre, noch eine Verbindung
aufrecht zu erhalten, wo er sich doch täglich
der Gefahr von Abschuss und Tod aussetzt.
Die Sängerin fährt für einen Auftritt nach Rom
und erhält dort ein Telegramm, dass ihr
Mann abgestürzt sei, er befinde sich nur leicht
verletzt in einem Lazarett und wünsche, sie
zu sehen. In der letzten Szene des Films sind

die beiden in diesem Lazarett für kurze Zeit
wieder vereint, es ist aber bereits klar, dass
der Pilot wieder fliegen wird, es ist schließlich
seine Pflicht. Die Sängerin hat sich in der
Zwischenzeit abermals in ihr Schicksal gefügt,
sie sieht ein, dass es etwas Größeres gibt
als ihre Liebe zum Piloten (eine größere, die
wirklich *große Liebe*, die vielleicht ein Gegen-
bild ist zur *größeren Hoffnung*), dem sie nur
dienen kann, indem sie dienen lässt – indem
sie ihren Geliebten nicht davon abhält, erneut
sein eigenes Leben fürs Vaterland aufs Spiel
zu setzen. In der letzten Einstellung liegen
sich die beiden in den Armen und schauen
erwartungsfroh hoch in den Himmel, an dem
ein deutsches Bombergeschwader vorüberzieht.

Im Erscheinungsjahr von *Die große Liebe* wird,
als spiegelbildliche Erzählung derselben Geschichte auf der anderen Seite des atlantischen
Ozeans, das Musical-Drama *The Sky's the
Limit* von RKO Radio Pictures produziert und
im September 1943 in die amerikanischen
Kinos gebracht. Die von den höheren Pflichten
des Krieges behinderte Liebe findet hier
zwischen Kampfpilot und Fotojournalistin
statt, etwas weniger plump in der Ausführung
und mit den obligatorischen Stepp- und Paar-
tanzeinlagen für den Hauptdarsteller Fred
Astaire, aber im Verlauf auf unheimliche Weise
synchron zum Propagandafilm der Nazis.

Der Kampfpilot auf Heimaturlaub von der Front (stationiert bei den *Flying Tiger* Einheiten in Myanmar, die China im Krieg gegen Japan unterstützen), verliebt sich dort in eine New Yorker Fotojournalistin (Joan Leslie) und drängt sich ihr gegen alle Abwehr auf, mietet eine Wohnung in ihrem Haus, um sie ständig zu belagern und schließlich durch beharrliche Penetranz ihre Liebe zu gewinnen, die dann ebenfalls am Ende des Films, am Rollfeld eines Militärflughafens, auf eine spätere Zukunft vertröstet werden muss, wenn die Schlachten geschlagen sind und die Pflichten erfüllt.

Die Rolle des Kampfpiloten aus *The Sky's the Limit* ist in ihrer Zerrissenheit (der Entscheidung, die Liebe dem Einsatz unterzuordnen, geht hier eine intensiver inszenierte Phase des Haderns voraus) und relativen tragischen Tiefe ungewöhnlich für den Schauspieler Fred Astaire („his first clear departure from a carefully crafted screen image of urbane charm"). In einer Schlüsselszene des Films sitzt diese untypisch tragische Figur in einer untypisch düsteren Stimmung bis früh morgens als letzter Gast in einer Bar am Tresen, betrinkt sich haltlos und klagt dem Barmann über die unmögliche Liebe zur Fotojournalistin, die er noch nicht eingeweiht hat in die Tatsache, dass er Pilot ist und wieder zurück muss in den Kampfeinsatz. Seine Klage geht nahtlos über in den Song *One for My Baby (and One More for the*

Road), der später vor allem als Frank Sinatras Coverversion bekannt geworden ist (dessen Titel *My Way* wiederum der ultimative, meistgespielte, allzeit erstplatzierte Karaokehit werden wird). Während einer ausführlichen Tanzeinlage randaliert der verzweifelte Kampfpilot, der seinen widerstrebenden Gefühlen nur in einer singenden, tanzenden Zerstörung Ausdruck verleihen kann, vor und hinter der Bar, schmeißt einen Hocker ins Glasregal hinterm Tresen, wirft dem Barmann schließlich ein Geldbündel hin, setzt seinen Hut auf und wankt zur Tür raus. „We're drinking my friend, to the end of a brief episode", singt der Soldat kurz vor seinem wütenden Verzweiflungstanz in dem von Johnny Mercer getexteten Song, "make it one for my baby and one more for the road," und trinkt dabei den Abschiedsschnaps für die Fotojournalistin in ihrer Abwesenheit gleich mit.

Die Musik von *Die große Liebe* und *The Sky's the Limit*, ihre zentralen Songs *Ich weiß es wird einmal ein Wunder geschehn, Davon geht die Welt nicht unter* bzw. *One for My Baby (and One More for the Road)* und *My Shining Hour* haben, in unzähligen Interpretationen und Neuauflagen, die Filme und den Krieg, den sie ideologisch unterfüttern sollten, überdauert. Ihre Entstehungsgeschichten, den Kontext, in dem sie geschrieben wurden und die Erzählungen, die sie musikalisch untermalt haben,

führen sie trotz allem als unsichtbares Gepäck
für immer mit sich, gleichsam unter der Oberfläche ihrer *Zeitlosigkeit*, in einer tieferliegenden
Schicht, in der die Geschichte lebendig fort-
lebt oder als Untotes unaufhörlich wieder-
kehrt. Die Liebe, die die Lieder besingen und
die Filme hinter die höhere Pflicht der Kampf-
bereitschaft zurückstellen, wird selbst als
eine zeitlose, ewig geduldige und duldsame inszeniert. Die Frauen, die sich verliebt haben,
lernen, sich zu fügen, zu warten, bis die Männer
vom Krieg zurückkehren und die Liebe wahr-
haftig vollzogen werden kann. Der Krieg
ist schließlich dringend aktuell und duldet
keinen Aufschub. Die Liebe dagegen, in ihrer
reinen, von den Liedern besungenen Form,
zelebriert den Aufschub als idealisierte, lust-
voll schmerzhaft empfundene Herzensangele-
genheit. Sie ist Sehnsucht in Reinform:
Versprechung und Wunschtraum, Ideal, Anti-
realismus des Gefühls. Für diese Liebe gibt
es wahrscheinlich keine größere Bedrohung, als
dass sie im alltäglichen Vollzug einer Beziehung Wirklichkeit werden muss.

Und das, denke ich im Aufenthaltsraum der
Crew, auf dem A-Deck im Stahlgebäude, als
der Sänger singt: „Du bist mir fern und doch
nicht fern, denn unsre Seelen sind eins", ist das
leere Orchester vor allem anderen: ein Raum,
der doch kein Ort ist, die freie Stelle, ein Platz
ohne Position, wo die Sehnsucht der Seefahrer,

die für höhere Zwecke aufgeschobene Vereinigung, ob als Liebe oder gesellschaftliche
Teilhabe, in vorgefertigter, sozusagen con-
tainerisierter Form performt werden kann und
dabei unbeschadet alle Zeiten übersteht.
„When I'm gloomy, you simply gotta listen to
me, until it's all talked away," singt der von
Fred Astaire verkörperte Bomberpilot aus *The
Sky's the Limit* in meinem Kopf. Und ich denke,
dass darin doch durchaus auch eine implizite
Drohung formuliert ist. Wobei es dem Barmann im Film dann auch nicht hilft, dass er
dem Bomberpiloten am Abend seines verzweifelten Besäufnisses als stiller Zuhörer zur
Verfügung steht. Sein Arbeitsplatz wird dennoch verwüstet. Überhaupt bleibt das Erzählen
im Song nur Ankündigung: "I could tell you a
lot," "I've got a lot of things to say." Auch später
im Film, auf dem Rollfeld vor dem erneuten
Abflug des Piloten in den Kampfeinsatz, muss
er die Offenbarung, dass er Pilot ist und
zurückgeht in den Krieg, der Fotojournalistin
gegenüber nicht selbst machen (sie ist zum
Fotografieren dort, sieht ihn in seiner Flieger-
montur und weiß, was er ihr die ganze Zeit
verheimlicht hat). Ebenso wenig muss er (wie
auch der Pilot aus *Die große Liebe*) explizit
ausführen, dass er die Liebe zur Fotojournalistin der Pflicht unterordnen wird. Die
Frau muss es und wird es aus seinen Aktionen
herauslesen.

Der Textdichter Johnny Mercer hat fraglos
über größere Freiheiten verfügt als Bruno Balz
im Gefängniskeller der Gestapo (dem US-
amerikanischen Propagandafilm wird generell
und naheliegenderweise ein größerer Reichtum bzw. eine geringere Armut an „sozialem
Erfahrungsgehalt" attestiert als dem nazi-
deutschen), weshalb aus dem Lied des verzweifelten Bomberpiloten Fred auch komplexere
Botschaften herausgelesen werden können.
Aber auch wenn der Luftwaffenoffizier kein
eigenes Lied hat, in dem seine Verbalität nach-
vollziehbar versagt, um dann in aggressive
Zerstörung überzugehen, kann er doch als ein
ebenbürtig impotenter Erzähler betrachtet
werden. Beide Soldaten, soviel Einblick in das
Schicksal ihrer Figuren erlauben die Filme,
werden von den Schrecken des Krieges keine
verbale Explikation nach Hause zu den wartenden Frauen zurückbringen. Sie werden
nichts zu erzählen haben, keine Geschichte,
sondern wieder nur dieselbe *gloominess*, die
nicht spricht, aber trotzig einfordert, dass ihr
zugehört wird (was seinerseits ein ebenso
langlebiges, bis in die Friedenszeiten hinein-
reichendes Erbe ist wie die Songs der Propa-
gandafilme).

"I'm walking a tightrope between somewhere
and somewhere else – and I'm walking alone,
understand?"

"'Cause I know what it means to walk along the lonely street of dreams."

Als der Sänger von Nina Hagens *Zarah* fertig ist, werde ich, den aufgeschlagenen Ordner auf dem Schoß, gefragt, ob ich auch etwas singen möchte und welche Nummer. Ich bedanke mich, aber nein, lieber nicht. Mir ist inzwischen auch die Brust ganz eng geworden. Bevor die beiden Künstler den Aufenthaltsraum der Crew an diesem Abend wieder verlassen, werden noch die Songs *Dancing With Tears in My Eyes* und *No Return* an der Maschine performt. Die Flure im Stahlgebäude des Schiffes erscheinen den beiden Künstlern an diesem Abend besonders still und die Türen zu den Kabinen als besonders verschlossen, obwohl doch die darin lebenden Seeleute ihnen gegenüber auf die herzlichste Weise offen gewesen sind.

Die Besatzungsstärke des Schiffes, das die beiden Künstler nach China bringt, variiert durch vereinzelte Abgänge und Zustiege in den verschiedenen Häfen zwischen 30 und 35 Mann. Konstant halten sich neben den beiden Passagieren und zwei Kadetten in Ausbildung an Bord ein Kapitän, je zwei nautische und technische Offiziere sowie ein Schiffssicherheitsoffizier auf, die sämtlich bei der Reederei in Festanstellung beschäftigt sind, in der Offiziersmesse essen, und laut Vertrag

drei Monate auf See und anschließend drei
Monate in Freizeit an Land verbringen. In
Hafennähe tragen die festangestellten Seeleute
der oberen Ränge weiße Hemden mit Epau-
letten nach Dienstgrad, ihre Hierarchie ist von
der Struktur her militärisch, der Umgang
zivil. Der Rest der Besatzung ist über Vermitt-
lungsagenturen in Zeitarbeit angestellt, die
Laufzeit ihrer Arbeitseinsätze auf Tankern,
Fracht- oder Kreuzfahrtschiffen beträgt in der
Regel neun bis zehn Monate, ihr Lohn wird
in der freien Zeit zwischen Aufträgen nicht fort-
gezahlt. Die Vermittlungsprovision der Agen-
turen wird vom ausgehandelten Gehalt der
Seeleute einbehalten.

Die Disposition von Fracht und Personal, Vor-
gaben zu Geschwindigkeit, Treibstoffver-
brauch, Route, Liegezeiten in Häfen, Verweildauer an Ankerplätzen, Aufnahme von
Lebensmitteln, Abfallentsorgung und Durch-
führung kleinerer Wartungsarbeiten auf See,
kommen als tägliche Anweisungen von der
Reedereizentrale per Email über die Satelliten-
verbindung in den Büros des Schiffes an und
werden entsprechend vom Kapitän und seiner
Besatzung bearbeitet. Diejenigen, die über
lange Berufserfahrung in der kommerziellen
Schifffahrt verfügen, erklären den beiden
Künstlern, dass man früher sehr viel freier
gewesen sei in den Entscheidungen – gerade
der Kapitän eines Schiffes habe vor der

Ausbreitung des Internet sehr viel autonomer
über den Verlauf der Fahrt bestimmt. Man
sei nicht so abhängig gewesen von den Vorstel-
lungen des idealen Fahrtverlaufs, die sich
die Angestellten in der Reedereizentrale an
Land anhand der Zahlen auf ihren Computer-
bildschirmen machten.

Passagiere und Besatzungsmitglieder können
für die Dauer ihres Aufenthalts an Bord
des Schiffes eine personalisierte Emailadresse
erstellen und deren Ein- und Ausgänge über
das Mailprogramm an den Schiffscomputern
einsehen. Die Postfächer dieser Mailadres-
sen werden täglich über die Satellitenver-
bindung aktualisiert. Individuelle Verbindungen
mit dem Internet an Bord müssen von Besatzung und Passagieren auch individuell bezahlt
werden. Es gilt ein Tarif von $1,- pro Mega-
byte Datenvolumen, weshalb diese privaten
Verbindungen nur in Ausnahmefällen her-
gestellt werden. Mit Familie und Freunden
kommuniziert die Besatzung des Schiffes vor
allem während der Liegezeiten in den Häfen,
über internationale SIM-Karten in ihren
Smartphones oder WLAN-Verbindungen in
den Seemannsmissionen. Während der
Arbeitseinsätze auf den Schiffen sind die Seeleute den größten Teil der Zeit für ihre
zuhause gebliebenen Nächsten unerreichbar
abwesend.

Eine Führung ins Maschinenherz des Schiffes,
zum mehrgeschossigen, das Schiff und seine
Besatzung unaufhörlich antreibenden Riesen-
motor, erhalten die beiden Künstler durch
einen technischen Offizier mit leuchtenden
Augen quasi pantomimisch, mit Gehörschüt-
zern über den Ohren, im Lärm der Riesen-
wellen und Riesenkolben und in einer heiß die
Atemwege ausfüllenden Dieselluft. Perma-
nente Prüfgänge, Leistungsprotokollabfragen,
Nachschmierungen, Filtertauschungen und
Kühlwasserstandsprüfungen durch die technischen Offiziere, die Ingenieure und Öler
gewährleisten das störungsfreie Funktionieren
der großen Maschine. Die Arbeit ihrer
Maschinisten besteht im Wesentlichen, wie
auch die Arbeit der Wachen auf der Kommandobrücke, im Erkennen und vorausschau-
enden Abwenden möglicher, aus der Zukunft
herkommender Störungen des landseitig
von der Reedereizentrale diktierten Idealver-
laufs. Das Meer, das sie zu jeder Zeit umgibt,
kommt in den Berechnungen dieser voraus-
greifenden Arbeit nur als eine von vielen Vari-
ablen mit nachrangiger Bedeutung vor.
Als unerschöpfliches Salzwasserreservoir,
Reibungswiderstand, Kühlmittel und potenti-
elle Ursache schwerer Korrosionsschäden
am Schiff.

Auf den Handelsrouten im Portfolio der Reederei, im Netz, das über die Welt ausgeworfen

wurde, wie auf Schienen unterwegs, ist die
Bewegung des Schiffes und seiner Besatzung,
immer weiter vorwärts um die Erde, in ihrer
Vorhersehbarkeit, der gewollten Wiederkehr
des Gleichen (die sich längst abgefunden
hat mit dem, was Jean-François de La Pérouse
noch auf erratischem Kurs über die Meere
und schließlich in den Schiffbruch getrieben
hat), auf paradoxe Weise *Anti-Mobilität*,
statisch im Hinblick auf die Ausblendung aller
weiterer Möglichkeiten, möglicher Umwege,
anderer Welten und Lebensweisen. Es
herrscht die *Tyrannei der einzigen Anekdote*,
die große Liebe, die Pflicht des nächsten
Auftrags. Die Sänger sehnsuchtsvoller Rock-
balladen an den Karaokemaschinen in den
Aufenthaltsräumen der Schiffe sind in diese besondere Form der Bewegung bestens inte-
griert und versäumen vielleicht auch deshalb
regelmäßig, beim Arbeitszeiterfassungssystem
auf Freizeit umzustempeln, weil ihnen voll
bewusst ist, dass sie auch singend noch an
ihrem Arbeitsplatz beschäftigt sind.

Im Verlauf der Fahrt kehren die beiden Künstler
noch mehrmals in den Aufenthaltsraum der
Crew zurück, um dort zu sitzen, zuzuhören
und schließlich auch selbst ans Mikrofon
zu treten. Tagsüber sitzen sie lesend in ihren
Kabinen, in der Bordbibliothek oder der
Offiziersmesse, oben auf der Kommandobrücke auf hohen Stühlen an den Fenstern oder

gehen den schmalen Weg an der Reling entlang, vor zum Bug, nach hinten zum Heck und
zurück zum Stahlgebäude, daran seitlich die
Treppen auf und ab, immer wieder für unbe-
stimmbare Dauer stehenbleibend, eine Stunde
oder eine Minute, um rauszuschauen auf
die weite blaue Fläche oder über die Länge des
Schiffes hinweg auf die vielen Tausend Container, die es geladen hat. Die Container
tragen auf ihren verschiedenfarbigen Außen-
wänden die Logos der Reedereien und Logistikunternehmen, die mit dem Transport
der ihnen anvertrauten Fracht beauftragt sind.
Eine Handvoll wiederkehrender Abkürzungen
und Symbole. Die Logistik des Kapitals.
Die Künstler versuchen sich beim Anblick der
Container an verschiedenen Zuschreibungen,
die ihnen aber allesamt hohl und stumpf
geraten oder direkt ins Nichts gehen, ihnen
gleich wieder entfallen, sobald sie ihre Blicke
dem Meer zuwenden.

Mit der Erkenntnis, dass sie im Begriff sind zu
vergessen, wofür ihnen die Container an
Land noch sinnbildlich gestanden haben, dass
ihnen nicht mehr verfügbar ist, was der Anblick der ihre Fracht wie Geheimnisse verber-
genden Behälter vormals in ihnen ausgelöst
hat (die Möglichkeitsräume, die stumm formu-
lierte Einladung, sie mit der eigenen Fiktion
zu füllen), und es ihnen außerdem immer
schwerer fällt, auszumachen, worin die Alter-

native zu dieser Form der weltweit ausgreifen-
den, standardisierten Logistik und ihrer
Arbeitsbedingungen bestehen könnte, als sie
über die Container hinwegsehen und nichts
weiter in ihrem Blickfeld erkennen können als
ein aus dem unteren Bildrand herausragendes
Containerschiff auf hoher See, vor sich nur
Meer, Horizont und Himmel, wird den beiden
Künstlern klar, dass im Angebot der Agen-
turen, die sich auf diese Art der Reise spezialisiert haben, noch eine andere Form der
Bewusstseinsveränderung als die *Entdeckung
der Langsamkeit* enthalten ist, ohne explizit
beworben zu werden.

Der Entschleunigung beim Reisen um die Welt
auf dem Containerschiff, übers offene Meer
und entlang schemenhafter Küsten und Inseln,
die nur durch einen Blick auf die Seekarten
den Staaten zugeordnet werden können, denen
sie offiziell angehören, stellt sich ein Gefühl
der absoluten Losgelöstheit vom Weltgeschehen an die Seite, das von den Reiseagenturen vielleicht auch deshalb nicht ausdrücklich
angepriesen wird, weil es ihren potentiellen
Kunden als Manifestation einer tief sitzenden
Angst erscheinen könnte – wie das Hinaus-
treiben einer einzelnen, von der Raumstation
abgetrennten Astronautin ins All (wo man
allerdings, wie das *Shipping the Future*-Plakat
in der Bordbibliothek suggeriert, wieder auf
die Handelsflotte der Reederei treffen würde).

Die sozialen Verbindlichkeiten des Lebens an Land verlieren ihre Gültigkeit und werden stillschweigend ersetzt durch die Regeln des in Anlehnung an militärische Hierarchien organisierten Arbeitsplatzes an Bord. Die Nachrichten, die täglich von der Reedereizentrale auf dem Schiff eintreffen, sind ja keine Nachrichten im Sinne aktueller Meldungen zum Weltgeschehen, sondern Anweisungen und Evaluationen, reinste Bürokratie: Richtlinien, Management, Qualitätssicherung. Sie enthalten keine Hinweise auf die Wirklichkeiten des Lebens der Menschen *zuhause*, was unter den beiden Künstlern die Frage aufkommen lässt, welchen Grad der Erschütterung des Bekannten eine solche Meldung aufweisen müsste, um sie auch draußen auf dem Meer noch zu erreichen.

Die Künstler fragen sich außerdem, während die bunten Punkte der Lichtorgel im Aufenthaltsraum der Crew über ihre Körper und Gesichter und über die Körper und Gesichter der Besatzung wandern, ob die Reisenden und die Arbeiterinnen und Arbeiter, die auf den Meeren unterwegs sind, der Welt wohl ebenso fehlen, wie die Welt ihnen fehlt. Ob sie von ihnen im selben Maß abhängig ist. Ist man noch Teil einer Welt, die ohne einen problemlos weiterfunktioniert? Und wenn nicht, wovon ist man dann ein Teil?

Die Besatzung ihres Schiffes kann den beiden
Künstlern keine Auskunft darüber geben,
ob Passagiere in der Regel den Kontaktverlust
mit der Gesellschaft und der Welt an Land
als angenehm oder belastend empfinden. Ob
sie mehrheitlich diese Losgelöstheit vom Weltgeschehen als eine Art Urlaub genießen können,
als ein ruhiges Beisichsein ohne Ablenkung,
ohne den Stress des Sozialen und die Imperative
des Zwischenmenschlichen, oder ob sie eher
dazu tendieren, in ungewollte Zustände
der Rastlosigkeit zu geraten, unruhig, phleg-
matisch oder schwermütig zu werden. Wovon
die Besatzung aus Erfahrung berichten kann,
ist, dass sich die meisten Passagiere täglich
auf der Kommandobrücke nach den Wetter-
prognosen erkundigen, nach möglichen Sturm-
tiefs und schwerer See – und enttäuscht sind,
wenn sie auf ihrer Fahrt in gar kein Unwetter
geraten, nie erleben, wie das Schiff ins Rollen
gerät. Wahrscheinlich spüren die meisten
Passagiere schon während der Fahrt, dass
schweres Wetter zu dem Wenigen gehört,
wovon man später auch berichten kann.

Nach einigen Tagen oder Wochen an Bord
kehren die Passagiere aufs Festland zurück.
Vielleicht unternehmen sie dort den Versuch,
Zuhausegebliebenen zu erzählen, was sie
erlebt haben. Einigen gelingt es vielleicht, ihre
Erfahrung mit Worten auch anderen zugänglich zu machen. Im Vorfeld ihrer Reise haben

die Passagiere eingewilligt, eine Fahrt zu
unternehmen, die kein Abenteuer ist, die den
Idealvorstellungen der Reederei unterliegt
und in deren Verlauf also alle an Bord Beschäftigten bestrebt sind, besondere Vorkommnisse,
Störungen und Zeitverlust zu vermeiden.
Das Anekdotische der Seefahrt ist reduziert
auf die Berechnungen der Zentrale, die täglich
per Mail auf den Schiffscomputern eintreffen,
auf Statistiken, Nennwerte und technische
Daten (Größe, Verbrauch, Auslastung etc.). Je
nachdem, wie bewusst die Passagiere ihre
Losgelöstheit vom *Leben an Land* tatsächlich
empfinden, besteht dennoch die Möglichkeit,
das *Leben auf dem Schiff*, in das sie als Gäste
eingebettet sind, den Alltag derjenigen, die
tatsächlich monatelang auf den Schiffen lebend
arbeiten und arbeitend leben, als Simulation
einer anderen, exotischen Wirklichkeit zu
erfahren. Auf dem Containerschiff verbringen
die Passagiere schließlich – im Gegensatz
zum Kreuzfahrtschiff – zwangsläufig Zeit in
der Lebenswelt der permanent abgeschie-
denen Seeleute. Ob sich davon nach ein paar
Tagen oder Wochen mehr als die üblichen
Klischees, die den Landbewohnern ohnehin
schon vertraut sind, als Erzählstoff mit nach
Hause bringen lässt, hängt sehr wahrscheinlich
von den Erzählern ab, muss insgesamt aber
stark bezweifelt werden. Der Solidargemein-
schaft der Seefahrer, die das Beste aus ihren
Arbeitsbedingungen zu machen versucht,

können sich die Passagiere jedenfalls nur
per Anmaßung zugehörig fühlen. Ihre Berichte
vom Leben als Teil dieser Gemeinschaft
müssen ganz zwangsläufig auch Anmaßungen
sein.

Diejenigen Besatzungsmitglieder, die den
beiden Künstlern während der langen, ereignislosen Wachen auf der Kommandobrücke
von den Umständen ihrer Arbeit erzählen,
berichten ihnen ausnahmslos von der Unmög-
lichkeit, den selbst nicht zur See fahrenden
Angehörigen zuhause Leben und Alltag
auf den Frachtschiffen wirklich verständlich
zu machen. Bei allen Bemühungen bleibt
immer ein Rest Unverständnis, der sich nur
im tatsächlichen, selbst gelebten Nachvollzug
dieses Lebens auflösen würde. Ein häufig
beschriebener Konflikt während der wenigen
Wochen, die die Seeleute bei ihren Angehörigen verbringen, besteht im Kern aus Resig-
nation und anschließender Verstummung,
die dieser misslingende Erfahrungsaustausch
mit sich bringt. Die Schwierigkeiten, die
die Angehörigen der Seeleute ihrerseits haben,
den Abwesenden begreiflich zu machen, was
ihre Abwesenheit im Alltag an Land bedeutet,
wenn sie zur Regel und Normalität wird,
werden in den Ausführungen auf der Kommandobrücke nicht thematisiert. Über allen Er-
fahrungsberichten der Besatzungsmitglieder,
die mit Zeitarbeitsverträgen auf das Schiff,

das die beiden Künstler nach China bringt,
gekommen sind, hängt als unauflösbare Unge-
rechtigkeit, als böses Gesetz der Spaltung,
die irrsinnige Dauer der Aufträge. Die wenige
Zeit, die die Seeleute an Land verbringen
können, wird unverhältnismäßig lange imagi-
niert und ausgemalt, angefüllt mit Erwartung,
mit Sehnsucht und Hoffnung, bis sie als tatsächlich eintretende Wirklichkeit nur noch
Enttäuschung sein kann.

Der Leser, dem von diesem Problem der Un-
verhältnismäßigkeit der Zeit erzählt wird,
muss an seine Lektüre der *20.000 Meilen unter
dem Meer* denken, an Kapitän Nemo und
dessen willentliche Abkehr vom Leben an
Land, mit dem ihn einzig noch die Bücher in
der Bibliothek des Nautilus verbinden. Die
absurde Wirklichkeit auf dem Schiff, das Um-
gebensein von Endlosigkeit und ewiger
Wiederholung des Immerselben, die den Passagieren, also auch den beiden Künstlern, als
eine Unwirklichkeit an einem Unort erscheint,
wird allein durch die Dauer und die Abwesenheit anderer Optionen von Alltag und Normalität zur *einzig möglichen* Wirklichkeit der
Besatzung, weil die sosehr langfristig Abge-
schiedenen durch ihre Abwesenheit an Land
selbst Unmögliche werden.

Der Steward, der den beiden Künstlern, dem
Kapitän und den Offizieren täglich mittags

und abends das Essen serviert und die leeren
Teller abräumt, das Geschirr spült und die
Kabinen saubermacht, erzählt zwischen zwei
Arbeitsgängen, dass im Lauf der Jahre, bei
den Telefonaten während der Liegezeiten in
den Containerterminals, seiner Ehefrau die
Aufgabe des Erzählens zugefallen sei, um, wie
er sagt, die *dead air* in der Telefonleitung
beim gegenseitigen Anschweigen zu vermeiden.
Er habe vom Alltag auf dem Schiff schlicht
nichts Neues mehr zu berichten, weil sich alles
ständig auf dieselbe Weise wiederhole und
Besonderheiten im Ablauf höchstens Unfälle
oder Gefahrenlagen seien, mit denen er seine
Frau zuhause nicht unnötig beunruhigen
wolle. Die Künstler müssen sich augenblicklich
vorstellen, wie in den Herkunftsländern der
Seeleute lauter Partnerinnen und Partner über
die Jahre des Getrenntseins, aus der Not
der Verlegenheit heraus, zu avancierten Erzäh-
lerinnen und Erzählern werden, zum Aus-
gleich für die leeren Hände, die Verschwiegen-
heit, die die Seeleute in die Telefongespräche
mit ihren Nächsten einbringen.

Später am selben Tag, als dieser Steward an der
Karaokemaschine im Aufenthaltsraum Céline
Dions Megahit *My Heart Will Go On* aus dem
Titanic-Soundtrack von 1997 auf so makellose
Weise ins Mikrofon singt, dass es allen An-
wesenden davon die Schuhe auszieht und die
Tränen in die Augen treibt, denken die beiden

Künstler (jeder für sich und unabhängig voneinander, wie sie nachher beim rekapitulierenden
Gespräch am Bug des Schiffes, vor dem Anblick der schwarz glitzernden See und der
leuchtend über den Nachthimmel hingestreck-
ten Milchstraße, mit je einer Dose Bier in
der Hand und noch ganz verwirrt von der traurigen Schönheit des Gesangs feststellen),
zwischen den Zeilen "far across the distance
and spaces between us" und "we'll stay forever
this way, you are safe in my heart and my
heart will go on and on," dass in dem auf die
landseitig zurückgebliebenen Angehörigen
ausgelagerten Erzählen eigentlich die ganze
Misere der modernen Seefahrt und ihres
Personals, vielleicht sogar der gesamten spät-
kapitalistischen Arbeitswelt, gefasst und
beschrieben ist.

Die Sprachlosigkeit, von der die Seeleute nach
mehreren monatelangen Aufträgen auf den
Containerschiffen befallen werden, wird
als Konsequenz der ewigen Wiederholung des
Selben beschrieben: es gibt, abgesehen von
den Zahlen, die täglich an die Reederei über-
mittelt werden, nichts zu berichten. Mit jedem
neuen Tag auf See, der in völliger Gleich-
förmigkeit zum vorigen und nächsten vergeht,
verringert sich die Möglichkeit, überhaupt
noch über diesen Alltag sprechen zu können.
Man hat es ja schon gesagt, es gibt nichts
Neues zu erzählen. Die Verantwortung für die

Verhältnisse, die den Lebensumständen der Besatzung zugrunde liegen, die sie zu singenden Seeleuten mit monatelangen Zeitarbeitsverträgen gemacht haben, liegt dort, wohin auch das Erzählen ausgelagert wurde – bei den Angehörigen der Festlandgesellschaft, die in ihr noch zuhause sind, deren Alltag ein Leben inmitten dieser Verhältnisse bedeutet. Der Zustand, in den die je eigene Seele der Seeleute durch den unwirklichen Alltag auf den Meeren versetzt wird, findet seinen Ausdruck im Gesang an der Maschine, wo die sprachlose Sehnsucht übersetzt wird in diffuse Kategorien der Unerreichbarkeit von Liebe, Reichtum, Erfüllung, in Balladen, die in ihrer romantisch verklärten Glorifikation des Aufschubs wie Gebete funktionieren. Es müsste, denken die Künstler am Bug ihres Schiffes, eine andere Erzählung für dieses Leben überhaupt erst einmal gedacht und dann formuliert werden, anstatt das Erzählen auf die Zuhausegebliebenen auszulagern, die ja nicht von Meer und Endlosigkeit, von der kalten Indifferenz der Logistik umgeben sind, sondern von den mächtigen Fiktionen des gesellschaftlichen Lebens, der Werbung, der Ideologie und den Schichten der Geschichte.

Die sehnsuchtsvoll vorgestellte, unerreichbare Vereinigung als Grundbedingung für die ideale Liebe, die in Céline Dions *My Heart Will Go On* vom Steward im Aufenthaltsraum der

Crew besungen wird, bildet den Rahmen auch
für die Handlung des Films, der das Lied
unsterblich gemacht hat. In der Rahmenhand-
lung von James Camerons *Titanic* ist ein
Bergungstrupp im Nordatlantik damit befasst,
im Wrack der RMS Titanic nach einer Halskette zu suchen, die den sogenannten *Heart of
the Ocean* enthält – einen Diamanten, der
Ludwig XVI. gehört haben soll und der nach
dessen Hinrichtung (an deren Vortag er sich
angeblich nach Neuigkeiten über die lapé-
rousesche Expedition erkundigt hat), in Herz-
form geschliffen und als Verlobungsgeschenk
an eine Passagierin der Titanic überreicht
wurde. Die Passagierin jedoch verliebt sich an
Bord des Schiffes in einen mittellosen Künstler,
der seine Fahrkarte in der niedrigsten Klasse
unter Deck beim Kartenspielen gewonnen hat,
und plant, mit ihm zusammen am Bestim-
mungsort New York aus den Zwängen ihrer
Verlobung und des Geldadels, in den sie hinein-
geboren wurde, auszubrechen. Der junge
Künstler kommt beim Untergang der Titanic
ums Leben. Er findet den Tod und das Grab,
von denen Kapitän Nemo beim Anblick
der Wracks vor der Küste von Vanikoro und
der auf der lapérouseschen Expedition zu
Tode gekommene zweite Kommandeur Paul
Fleuriot de Langle vor dem Kupferstich der
Ermordung Captain Cooks als einzig standes-
gemäßen schwärmen. Die Passagierin überlebt, erfährt über einen Fernsehbeitrag viele

Jahrzehnte später vom Versuch des Bergungs-
trupps, den Diamanten im Wrack der Titanic
zu finden, lässt sich per Helikopter einfliegen
und erzählt der Besatzung die ganze Geschichte
ihrer in Ewigkeit konservierten Liebe zum
jungen Künstler, um in der letzten Einstellung
des Films, nachts, nachdem alles erzählt ist,
an die Reling des Schiffes heranzutreten und
die Halskette, die sie all die Zeit verwahrt
hat, dem ertrunkenen Künstler hinterherzu-
werfen.

„Man muss diese versteiner- ten Verhältnisse dadurch zum Tanzen zwingen, dass man ihnen ihre eigene Melodie vorsingt."

Karl Marx, *Zur Kritik der Hegelschen Rechtsphilosophie*

„Kleinmütige Feiglinge und feige Propheten! Wer steigt schon auf Schiffe? Ungelernte, Sträflinge, Stotterer, lauter Leute, die es an Land zu nichts bringen, die nicht kochen können und ohne Manieren in ihren Tellern und Zähnen herumstochern, die keine Frauen, aber überall Kinder haben und keine Briefe schreiben, weil sie kein einziges verständliches Wort zu Papier bringen, Daher-

gelaufene, die den Weg nach Hause nicht finden und zu Hause stumme Gäste sind."

Felicitas Hoppe,
Pigafetta

„Wann werde ich soweit sein, um alles, was ich gelernt, in mir zu zerstören, und nur selbst zu erfinden, was ich denke und lerne und glaube?"

Johann Gottfried Herder,
Journal meiner Reise im Jahr 1769

[194]

[200]

Fiktion

Ich habe mich, in einem Anfall von verzweifeltem Donquijotismus, selbst aus der enttäuschenden Wirklichkeit herausschanghait und in den Dienst an Deck der Poesie gestellt. Die Bezahlung ist miserabel und die Ozeane eben genau so weit, wie mein Wahn grenzenlos ist. Jemand hat das in mein Notizbuch geschrieben – aber wer?

„Schmelzend durch den Mittag kieselte bächern das Haupt. Er bot es hin: das Licht, die starke Sonne rann unaufhaltsam zwischen das Hirn. Da lag es: kaum ein Maulwurfshügel, mürbe, darin scharrend das Tier."

Bei starkem Seegang liegen die Künstler nachts in den längs zum Schiffskörper ausgerichteten Betten in ihren Kabinen und finden nicht heraus aus dem Bewusstsein in den Schlaf. Der Körper sackt auf der Schräge des Bettes von einer Seite auf die andere, die besondere Schwere und Ruhe, die das Einschlafen erfordert, ist nicht zu haben. Der Geist bleibt ständig wachsam auf den nächsten Ruck, das nächste Rutschen zur anderen Seite. Die Vorhänge stehen abwechselnd im spitzen Winkel von der Wand ab und schmiegen sich dann eng an die Fenster. Auf dem Flur vor den Kabinen werden die Bilder-

rahmen *wie von unsichtbarer Hand* bewegt
(schief, gerade, schief in die andere Richtung
und zurück), die Wellen rollen groß und mächtig
gegen das Schiff, wer hinaustritt auf die Bal-
kone und Außentreppen wird von tausend Wind-
fäusten verprügelt. Die Kommandobrücke
ist auch nachts jederzeit besetzt. Wer nicht in
den Schlaf findet, kann dort oben mit den
schweigenden Wachen durch die Fenster in die
singende Dunkelheit hinausschauen.

Vor der Vorüberfahrt am Horn von Afrika,
dem Durchqueren der *High Risk Area* Somali-
scher Piraterie, in der alle Beschäftigten auf
dem Schiff einen Gefahrenzuschlag erhalten,
werden am Heck, über dem Achterdeck, wo
die Crew jeden Sonntag auf einen einzelnen, an
einen Stahlträger geschweißten Korb Basket-
ball spielt, und das zum Kentern die niedrigsten
Einstiegsöffnungen bietet, Feuerwehrschläu-
che montiert und angeschlossen, um damit
im akuten Fall angreifende Piraten abzuwehren.
Niemand glaubt an einen Angriff auf das sehr
große und sehr schnelle Schiff. Der Kapitän rät
den beiden Künstlern, sich erst dann Sorgen
zu machen, wenn sie an seiner Person Zeichen
der Unruhe feststellen. Solange er ruhig und
gelassen sei, hätten sie absolut nichts zu be-
fürchten.

Bevor es aber das Rote Meer verlässt und durch
die *High Risk Area* in den von Stürmen aufge-

wühlten Indischen Ozean einfährt, bevor die
Schläuche am Heck montiert werden, macht
das Schiff, das die beiden Künstler nach China
bringt, Station im *Islamic Port* der saudi-
arabischen Stadt Dschidda. Die Besatzungsmitglieder und die beiden Künstler werden
vor dem Einlaufen in diesen Hafen vom Kapitän
(per Ankündigung in der A4-Klarsichtfolie
neben dem Bedienfeld im Fahrstuhl) dazu
aufgefordert, sämtlichen Alkohol sowie jed-
wedes im weitest denkbaren Sinn porno-
grafisches Material in den sogenannten *Bonded
Store* zu bringen, einen verschlossenen Lagerraum im A-Deck, zu dem nur der Kapitän
einen Schlüssel hat und aus dem heraus er alle
paar Wochen Bier, Schnaps, Zigaretten,
Parfüm und Snacks zu steuerfreien Sonder-
preisen an die Besatzung und die Passagiere
verkauft. Aufgrund der strikten Regeln im
Hafen der Stadt Dschidda wird der Lagerraum
dieses eine Mal während der Fahrt zum Ort
der Entgegennahme: der Kapitän steht in
der Tür mit einer Liste, und Besatzung und
Passagiere stehen auf dem Flur vor dieser
Tür Schlange und reichen ihrem Kapitän einer
nach dem anderen Festplatten, Kalender,
Laptops, Magazine, Poster, Schnapsflaschen,
Pappkartons und Plastiktüten voller Bier-
dosen und lassen das jeweils eigene Inventar,
den aktuellen Bestand auf der Liste vermerken.
Hafenagenten des *Islamic Port*, so erklärt
es der Kapitän den beiden Künstlern, kommen

stichprobenartig auf die angelegten Schiffe
und kontrollieren, ob die Arbeitsbereiche,
Gemeinschaftsräume und Kabinen auch vor-
schriftsmäßig von verbotenem Material be-
reinigt wurden. Bei Missachtung dieser
Vorschriften drohen den Reedereien hohe
Geldstrafen. Die Besatzung ist in den knapp
24 Stunden, die das Schiff in Dschidda an
der Kaimauer liegt, spürbar angespannt, fahrig
und voller Ungeduld, den Hafen wieder in
Richtung des offenen Meeres zu verlassen.

Es herrscht eine unheimliche Hitze im Hafen
von Dschidda, in der das Wasser aus dem
Hafenbecken verdunstet und einen nebligen
Schleier um Schiff und Containerbrücken legt,
hinter dem die Gebäude der eigentlichen
Stadt nur noch als Schemen zu erkennen sind.
Die Overalls der an Deck arbeitenden Crew
sind schon nach wenigen Minuten in dieser
dunstigen Hitze vollkommen nassgeschwitzt.
Weil sie in der kühlen Luft der Klimaanlagen
nur schlecht trocknen, hängen diese nassen
Overalls in den Arbeitspausen ihrer Träger wie
abgestreifte Häute an Haken und Rohren
draußen vor dem Eingang ins Stahlgebäude.
Als es schließlich wieder ablegt, drehen zwei
Schlepper den Bug des Schiffes von der Kaimauer ab und richten es in Fahrtrichtung
aus: wegwärts, einem völlig unklar verwasche-
nen Horizont entgegen.

Am Abend des Auslaufens aus dem *Islamic Port*
wird im Aufenthaltsraum der Crew besonders
ausgelassen gefeiert. Der Inhalt der wieder-
ausgelösten Whiskeyflaschen wird freigiebig in
hingehaltene Gläser und Plastikbecher ausge-
schenkt, die Karaoke ist energisch laut und
heiter, die Kalender sind an ihre Plätze an den
Wänden zurückgekehrt und die Freude darüber,
im privaten Rückzug der Kabine wieder Zu-
griff auf das je eigene, aufs Schiff mitgebrachte
pornographische Material zu haben, ist allen
an Bord deutlich anzumerken. Das Problem der
Abwesenheit dieser Substanzen, Bilder und
Filme war sicherlich keines der Dauer, da die
Besatzung ja den Großteil der 24 Stunden
im Hafen von Dschidda (wo Landgänge nur
nach komplizierten Antragsverfahren möglich
sind) ohnehin arbeitend zugebracht hat. Vielmehr schienen die schlechte Laune und die
Dünnhäutigkeit, die durch alle Ränge der Hierarchie spürbar waren, provoziert zu sein von
einem Eingriff in die letzten Restbestände
von Privatheit und Selbstbestimmung. Obwohl
Individualität, im Fall der mit den verbotenen
Substanzen und Materialien im Umgang
Stehenden, durch den Rausch in Gesellschaft
der Schichtarbeiter in Scheinfreizeit und die
als passiven Konsum erlebte Sexualität in
Abhängigkeit der Maschine, der Computerfest-
platten und Bildschirme, an sich ausgehebelt,
fast schon verunmöglicht ist, bewirkt der Eingriff durch die im saudi-arabischen Container-

hafen geltenden Verbote einen spürbaren Ver-
lust an individueller Entscheidungsfreiheit –
und damit auch die schlechte Laune der Betrof-
fenen.

Während ihr Schiff im *Islamic Port* von Dschidda
liegt, sind die Besatzungsmitglieder schließlich noch einer anderen Machtausübung auf
ihre je eigenen Privatsphären unterworfen als
der der nomadischen industriellen Produktion
und der Logistik des Kapitals. Ohne sich von
der einen, durch ihren Arbeitsplatz bedingten
Unfreiheit loslösen zu können, werden sie
landseitig von einer weiteren Freiheitsbeschnei-
dung bedrängt. Das perfide Vorgehen, das so
typisch und eigen für religiös fundierte Staats-
formen ist, Macht über die Bevölkerung zunächst über die Körper der Einzelnen zu
gewinnen, indem die menschlichsten Grund-
bedürfnisse nach Auslöschung der Zeit im
Rausch, Lust und Sexualität mit Sünde, Schuld
und Scham belegt werden und nur durch die
Mediation der religiösen Apparate erfahrbar
werden dürfen (die große Erzählung vom
großen Anderen, der richtet über die Verfehl-
ten und die Ungläubigen), wird, in Form
der Verbote im Hafen von Dschidda, von den
ohnehin in ihrer tatsächlichen und metaphysischen Bewegungsfreiheit schon reichlich Einge-
grenzten als die letzte Überschreitung, die
nicht mehr hinnehmbare Deprivation empfun-
den, gegen die sich aufzulehnen aber völlig

sinnlos erscheint. Hierin, denken die Künstler,
scheint die hohe Frustration der Besatzung
ihren Grund zu haben: nicht in dem, was ihnen
eh schon nicht verfügbar ist, wovon sie ausge-
grenzt und ausgeschlossen sind, sondern in
der zusätzlich zu dieser akzeptierten Zumutung,
in die man sich gefügt hat, auftretenden Be-
schneidung der Freiheit.

„Die Leiden, die Menschen erdulden müssen,
lassen sich grundsätzlich in zwei Kategorien
einteilen: habituelle Leiden, die schon lange ertragen werden, Teil des Alltags geworden
sind und allmählich nicht mehr als nach Rache
oder Rebellion schreiendes Unrecht gelten;
sowie plötzlich aufkommende neue Nöte,
die im Vergleich zur *normalen*, gewohnten, alltäglichen Leidensintensität zuweilen winzig
erscheinen mögen, aber als Ungerechtigkeiten
wahrgenommen werden und deshalb Militanz
auslösen."

Als das Schiff dann im Indischen Ozean ins
Wanken gerät, im Sturm und auf den hohen, von
weißem Schaum durchäderten Wellen, als
die Künstler in ihren Kabinen nicht in den Schlaf
finden, stellt sich, irgendwann in der Nacht, in
den Stunden vor Sonnenaufgang, die entweder
dem Traum oder der Verzweiflung gehören,
doch noch der abzuwehrende Gedanke ein, dass
ein mächtiger Wille diese *Naturgewalt* hervor-
gebracht hat. Indischer Okeanos, zorniger

Beweger, Intentionalität des Wetters und der
Wellen: hohes Haus und Strafgericht. Das
Urteil ist die Zerstörung des Schiffes, die Ver-
fehlungen sind Sünde und Hybris, überhaupt
erst aufs Meer gefahren zu sein.

Ein philippinischer Seemann, der als Deckarbeiter schon ein sehr hohes Alter erreicht hat,
weil er sich die Zusatzausbildungen zum Auf-
stieg in höhere Ränge nie leisten konnte
oder wollte, der aber durch dieses hohes Alter
und seine Erfahrung unter der Crew besonderes
Vertrauen und ein väterliches Ansehen ge-
nießt, erzählt den beiden Künstlern, dass er vor
sehr langer Zeit, in den frühen 1980er Jahren,
vor dem wirklichen Durchbruch der Digitalisie-
rung auf den Schiffen und in den Häfen,
für mehrere Monate auf einem Containerschiff
unterwegs gewesen sei, das wie ein Irrlicht
auf dem Meer von Hafen zu Hafen fuhr, ohne
jemals Ladung zu bekommen. Unser Schiff,
erzählt der Seemann den Künstlern, muss
in den Häfen von den Magnetwänden herunter-
gefallen sein, auf denen man damals noch die
Dispositionen an den Liegeplätzen koordiniert
hat. Der Kapitän hat mit der Reederei tele-
foniert und die Reederei mit den Agenten der
Häfen, aber jedes Mal hat man uns nur wieder
weitergeschickt. Manchmal kamen Lotsen
an Bord, die uns bis an die Kaimauern herange-
führt haben. Dann dachten wir, dass wir jetzt
endlich etwas bekommen würden. Es saß dann

aber noch nicht mal jemand in den Führer-
häusern der Containerbrücken und keiner fühlte
sich für uns verantwortlich, bis dieselben
Lotsen uns wieder aus dem Hafen herausgeführt
haben. Meistens lagen wir aber nur vor den
Häfen vor Anker und warteten auf Anweisung-
en. Unsere Laderäume waren leer und die
Reederei, die uns Arbeiter gebucht hatte, ist
bankrottgegangen, noch während wir auf
dem Meer unterwegs waren. Vielleicht gab es
auch eine Verschwörung der anderen Reedereien, mit denen sie in Konkurrenz gestanden
hat. Vielleicht haben die dafür gesorgt, dass
wir keine Container mehr bekommen in den
Häfen und man dort so tut, als wäre einfach
nichts da, was man uns aufladen kann.

Der alte Deckarbeiter erzählt den beiden
Künstlern, dass sein Schiff damals jedes Meer
der Welt durchkreuzt habe und in den abge-
legensten, unbedeutendsten Häfen, die gerade
noch tief genug waren, um überhaupt in sie
einfahren zu können, nach Ladung gesucht habe.
Auf die Rückfrage der Künstler, wie sie denn
genug Treibstoff für diese umfassende Weltreise auftreiben konnten, antwortet der alte
Deckarbeiter, man habe sich über diese Dinge
damals noch nicht so viele Gedanken gemacht.
Wir haben auf unserer verzweifelten Suche
den Hafen Qaqortoq auf Grönland angesteuert,
im Herbst, als die Fjorde dort schon fast völlig
zugefroren waren. Man wollte uns ein paar

Felle verkaufen, aber wir hatten ja schon lange
kein Geld mehr. Von dort sind wir die West-
küste hochgefahren bis zum Hafen von Kangerluarsoruseq, den Ort gibt es inzwischen gar
nicht mehr, ein paar Leute von der Besatzung
sind da von Bord gegangen und haben jungen
Grönländerinnen ihre Hilfe bei der Robben-
schlachtung angeboten. Wir haben damals
längst schon für uns selbst gesorgt – wir haben
vom Schiff herunter geangelt oder mit Netzen
gefischt, manchmal auch mit Dynamit. In
der Nähe von Kangerluarsoruseq haben wir
einen Narwal gefangen und komplett ver-
arbeitet – nur die Innereien wollte niemand
haben, die haben wir ins Meer zurückgeworfen.
Den besonders langen und besonders schönen
Stoßzahn des Wals haben wir in so viele
Scheiben gesägt, wie wir Leute auf dem Schiff
waren, und jeder hat seinen Teil bekommen
und konnte daraus machen, was er wollte. Der
philippinische Seemann holt aus der Hosen-
tasche seines Overalls einen Rosenkranz
hervor, den er den beiden Künstlern zeigt. Das
Kreuz und die Perlen sind aus Elfenbein ge-
schnitzt. Beim Anblick des Rosenkranzes des
philippinischen Seemanns muss ich sofort
und ohne eigenes Zutun die Worte *meine Wert-
schöpfungskette* denken.

Ihnen sei damals schon klar gewesen, dass sie
etwas Verbotenes getan hatten, erklärt der
philippinische Seemann den beiden Künstlern,

seinen Rosenkranz zwischen den Fingern,
aber es habe sich ja um eine spezielle Situation
gehandelt, in der sie alle schon sehr ausgezehrt
waren, in existenzieller Not und bedürftig
nach Hoffnung. Und er glaube daran, auch wenn
das vielleicht in Verbindung mit einem Rosenkranz etwas blasphemisch klingen mag, dass
ihn das Horn des Wals seither davor bewahrt
habe, jemals wieder auf so ein verfluchtes Schiff
zu kommen, das nirgendwo Ladung findet.

Irgendwann im Verlauf ihrer fortgeschrittenen
Fahrt stellen die beiden Künstler fest, dass
sie beide das Aufsuchen der Bordbibliothek und
das Lesen der darin verfügbaren Bücher fast
vollständig eingestellt haben. Sie ziehen
sich nun immer häufiger in den Aufenthaltsraum der Passagiere zurück, wo keine Karaoke
gesungen wird und keine andere Gesellschaft
zu erwarten ist als die des jeweils anderen
Passagiers und Künstlers, schauen dort Filme,
sprechen wenig und trinken Dosenbier, das
sie zu den Öffnungszeiten des *Bonded Store* beim
Kapitän eingekauft haben. Am frühen Abend
stehen sie oft lange unentschlossen vor den
Regalen der DVD-Sammlung im Schiffsbüro
auf dem F-Deck, wo manchmal Besatzungsmitglieder in ihrer Freizeit an den Schiffscomputern sitzen und Emails schreiben oder selbst
vor den Regalen stehen und überlegen, welchen
Film sie vielleicht noch nicht gesehen haben
oder vielleicht noch ein zweites Mal anschauen

würden. Die kurzen Gespräche mit den Besatzungsmitgliedern, die sich vor dem DVD-
Regal auf dem F-Deck ergeben, haben nochmal
eine spürbar andere Qualität als die geschrien
vorgebrachten Fragen und Auskünfte während
der Karaoke im Aufenthaltsraum der Crew
oder die von minutenlangen Pausen des Spähens
und Verlorenseins in den eigenen Gedanken
unterbrochenen Erzählungen während der
ereignislosen Wachen auf der Kommandobrücke. Das Sprechen zwischen den Künstlern
und der Besatzung vor den DVD-Regalen
ist von einer ungezwungenen Beiläufigkeit, die
weder investigativ ist, noch über die tatsächlichen Verhältnisse hinter den Klischees über
das Leben auf See oder die spezifischen Besonderheiten der eigenen Heimatnation aufklären
will.

Die beiden Künstler geraten den Seeleuten gegenüber am DVD-Regal auf dem F-Deck
auch selbst viel freier ins Erzählen. Und so hört
einer der Künstler, während er selbst gerade
einen Regalmeter Alienfilme nach ungese-
henem Material durchsucht, den anderen einem
Mitglied der Besatzung erzählen, dass sie einmal gemeinsam einige Wochen in einem Militärlager in Afghanistan verbracht hätten, mit
demselben Interesse, das sie auch auf dieses
Schiff geführt habe. Der Künstler erzählt dem
Seemann, dass sie sich zur trockensten
Sommerzeit in dem Feldlager in wüstenhafter

Landschaft aufgehalten hätten und dass in dieser
Zeit häufig gegen Abend Staubstürme aufge-
zogen seien, die das Camp vollständig eingehüllt
und alles in ein seltsam unwirklich kulissen-
haft beiges Licht getaucht hätten. Dass der
Wind, der den Staub aus der wüstenhaften Landschaft aufgewirbelt und ins Militärlager ge-
tragen habe, an den niedrigen Zweckbauten
entlang heulte und pfiff und dass ausgerechnet
am Ehrenhain der gefallenen Soldaten, aufgrund einer vielleicht ungünstigen Ausrichtung
der Gebäude oder der Form der Gedenkstätte,
durch diesen Wind ein Wimmern entstanden
sei, wie er es sonst nur vom Auftritt der
Gespenster in alten Horrorfilmen gekannt habe.

In einer *Oase* genannten, christlichen Freizeiteinrichtung für die Soldaten im Feldlager,
erzählt der Künstler dem Seemann am DVD-
Regal, sei jeden Montag um 20 Uhr ein Film
auf einer Leinwand im Gemeinschaftsraum ge-
zeigt worden. Die beiden Künstler hätten
dort zusammen mit den Soldaten den amerikanischen Highschool-Fantasy-Film *I Am
Number 4* gesehen, der von Außerirdischen
handle, die optisch von Menschen nicht zu unterscheiden seien und die sich auf der Erde vor
anderen Außerirdischen versteckten. Die
anderen Außerirdischen, so führt es der Künstler dem Seemann aus, hätten bereits das ganze
Volk derer, die sich verstecken, ausgerottet –
bis auf neun Verbliebene, auf die sie nun Jagd

machten. Die Außerirdischen auf der Flucht, die wie Menschen aussehen, könnten von den anderen nur in einer bestimmten Reihenfolge umgebracht werden – es sei in dem Film leider nicht erklärt worden, weshalb. Der Film, den sie mit den Soldaten in der *Oase* gesehen hätten, habe die Geschichte des Vierten in der Reihe der Verfolgten erzählt, der sich im Verlauf der Handlung in eine schöne Fotografin verliebt, seine Superkräfte entdeckt und beschließt, mit dem Weglaufen aufzuhören und sich seinen Feinden zu stellen. Nach dem Film seien die beiden Künstler vollkommen getoastet aus der Freizeiteinrichtung herausgetreten in dieses unwirkliche Licht, in das der Staubsturm das Feldlager gehüllt habe. Sie hätten sich damals, meint der Künstler, wahrscheinlich beide etwas mehr Wirklichkeit gewünscht, an der man sich hätte festhalten können, als ihnen auf den Campstraßen auf dem Weg zurück zu ihren Containerunterkünften zur Verfügung gestanden habe.

Der Seemann bestätigt dem Künstler am DVD-Regal, dass man vorsichtig sein muss mit den Filmen an außergewöhnlichen Orten. Man läuft eben schnell Gefahr, den Faden zur Realität zu verlieren, wenn man die unwirkliche Welt noch nicht gewohnt ist. Das ungewohnt Unwirkliche will schließlich die ganze Zeit angeschaut werden, jede Veränderung muss registriert und jede Regelmäßigkeit erkannt werden, um es irgendwie doch wieder überführen zu können in die Einstimmigkeit der Daten eigener Erfahrung. Fast kommt es den Künstlern auch so vor, als verschwöre sich das Unbekannte des Ortes gegen diese Bewusstseinsleistung, indem es immer noch seltsamer und fremder und unerkannter wirkt, sobald sie am Ende eines Films aus dem Aufenthaltsraum der Passagiere auf den Flur und vom Flur auf die Außentreppen ins dunkle Nichts der Nächte hinaustreten. Die überwältigende Unnahbarkeit der nächtlichen Ozeane ist von den gerade erst mit passiv erfahrener Raumfahrt und Weltenentdeckung vollgesogenen Gehirnen noch weniger zu erfassen. Und alles Ausgedachte der Menschen, die ganze Sci-Fi, die Fiktion überhaupt, erscheint stumpf und hilflos, eitel und vergeblich. Nach jedem Film an Bord wird still der Vorsatz gefasst, dass das jetzt der letzte für diese Überfahrt gewesen ist, weil die Rückreise in die unwirkliche Realität des Schiffes Hirn und Herz doch zu viel abverlangt.

Eine Erkenntnis, die den Künstlern irgendwo zwischen DVD-Regal auf dem F-Deck, Kommandobrücke, Aufenthaltsraum und Offiziersmesse kommt, ist, dass eigentlich ja durch die Aussetzung der gewohnten Festland-Wirklichkeit an Bord des Schiffes, durch das an die Angehörigen zuhause delegierte Erzählen und den allnächtlichen Anblick des in schwarzem Nichts verschwindenden Ozeans, durch die

Abgetrenntheit vom Weltgeschehen, die Plots
und Stories der Filme im Regal, die Fiktionen,
Erzählungen und Narrative, die diese Festland-Wirklichkeit konstituieren, sehr viel deut-
licher als das hervortreten müssten, was sie
sind: etwas mehr oder weniger glaubwürdig
Ausgedachtes. Als eine Wirklichkeits*behauptung*,
deren Glaubwürdigkeit gerade auf einer ihrer
markantesten Hervorbringungen (dem Containerschiff auf hoher See), höchst fragwürdig
erscheint – ein durchschaubarer Taschenspieler-
trick, der die *suspension of disbelief* beharrlich
fordert, wodurch nur umso unmissverständ-
licher klar und deutlich wird, dass die Macht des
Zweifelns und Unglaubens in den Händen
derer liegt, die von dieser behaupteten Festland-
wirklichkeit, ihren implizierten Unanfechtbar-
keiten und imperativischen Anforderungen
geleitet und gelenkt, in unwirklichem Alltag auf
den Schiffen unterwegs sind.

Die Reise, die die beiden Künstler unternehmen,
ist bereits als Anachronismus ausgezeichnet:
wer nach China will, muss nicht geduldig
sein. Zwingend auf den Schiffen erforderlich
scheint zunächst das Personal, das ihr Vorankommen gewährleistet. Bis klar wird, dass
die gesamte Besatzung problemlos in jedem
Hafen auf der Route komplett ausgetauscht
werden könnte, ohne den ungestörten Verlauf
der Überfahrt zu gefährden. Niemand außer
den Gegenständen in den Containern müsste

also den ganzen wochenlangen Weg von Anfang
bis Ende wirklich mitmachen. Dann aber
kommt sofort auch Zweifel an der Notwendigkeit einer Reise der Gegenstände um die halbe
Welt auf. Und so fällt schließlich die lange
Überfahrt im riesenhaften Schiff, die tausenden
Tonnen Fracht und Stahl und Schweröl, vollständig auf den Selbstzweck des freien Welthandels zurück, dessen Unantastbarkeit und
absolute Systemrelevanz. Der ganze irrsinnig
riesenhafte Kahn und seine schweineteure
Mission, die Jahre und Jahrzehnte der auf ihm
gelebten Leben, bleiben trotz physischer
Überpräsenz Behauptung, abstrakt und unwirklich. Morgen schon könnte das gesamte Personal an Bord – inklusive der beiden Passagiere –
entscheiden, den Glauben an den Wahrheitskern
dieser Behauptung auszusetzen. Und allen
Beteiligten scheint auch mehr oder weniger bewusst zu sein, dass diese Option besteht.

Das Problem mit der Entscheidung, den Glauben
an den Wahrheitskern der behaupteten Notwendigkeit unablässiger Weltumfahrungen als
Begleiter der Waren auszusetzen (sowie den
Glauben an die Notwendigkeit des Aufschubs
des Lebens an Land, der Vereinigung mit
den Nächsten, des Vollzugs der Liebe), ist wahrscheinlich selbst eines des Übertritts, des
Wechsels zwischen den Wirklichkeiten, wie
er im Kleinen von den Künstlern zwischen
Fernsehen im Aufenthaltsraum der Passagiere

und Hinausschauen ins nächtliche Nichts an
der Reling erfahren wird. Denn wie, ist die
Frage, die sich ihnen im Verlauf ihrer eigenen
Überfahrt immer wieder stellt, ließe sich
diese Entscheidung auch mitnehmen aufs Festland? Die Schwierigkeiten der Passagiere,
zuhause von der Erfahrung auf dem Schiff einen
Bericht zu erstatten, der über die Klischees
und Bilder hinausgehen würde, die ihnen schon
vorher bekannt waren, ihre daraus resultie-
rende Sehnsucht nach Sturm und schwerem
Seegang (die für sich erzählbar wären als
Erlebnis), entspringen wohl ebenfalls aus diesem
Problem und lassen die Geste, an der Lebenswirklichkeit der Seeleute teilgehabt zu haben,
weniger anmaßend erscheinen. Schließlich
müssen alle, Passagiere, Künstler, Crew, Offiziere und Kapitän, das riesenhafte Schiff
über dieselbe schmale, wacklige Gangwaytreppe wieder verlassen, um von einem Hafenshuttle aus dem Containerterminal ihrer *disembarkation* vor die Sicherheitsschleusen, ins
Niemandsland der industriellen Peripherie
großer Hafenstädte herausgeshuttelt zu werden.
Wie also auf diesem Weg nicht den Faden zu
den eigenen Erfahrungen und Erkenntnissen
verlieren, die man auf dem Schiff gemacht
und gehabt hat? Und wie nicht die Effekte des
Übertritts auf sich selbst zurückfallen lassen –
wie also nicht davon ausgehen, dass man es
selbst ist, der durch die Abwesenheit auf dem
Schiff unwirklich und unmöglich geworden ist?

Das Schiff, auf dem man wochen- oder monatelang unterwegs gewesen ist, wird eben, sobald
man die letzte Stufe der Gangwaytreppe genommen hat, augenblicklich wieder zur blauen
Stahlwand, die den Horizont verdeckt und
an der nichts Vertrautes oder Verwandtes mehr
erkennbar ist.

Die Künstler legen ihre Hoffnungen in die Bilder
und die Schrift – darin, dass es möglich sein
wird, in ihnen etwas von der Unwirklichkeit
auf dem Schiff, die ein Gefühl der Verhandelbar-
keit der Wirklichkeit an Land erzeugt hat,
mit von Bord nehmen und *bewahren* zu können
(gäbe es doch nur eine Möglichkeit, die Wiederkehr des Immerselben, die Leere, die wortlose
Weite, *erzählbar* zu machen).

„Sodaß die Welt mir nur noch wäre /
wie die Gesellschaft auf dem Meere"

Der Kapitän ihres Schiffes erzählt den beiden
Künstlern während der trägen Durchfahrt
durch den Sueskanal, beim Rauchen auf dem
Außenbalkon an der Kommandobrücke,
dass sein Onkel ebenfalls zur See gefahren
und wie er Frachtschiffkapitän gewesen sei,
allerdings in einer Schwellenzeit vor der
Containerisierung des Warenverkehrs. Der
Kapitänsonkel sei für verschiedene Reedereien
unterwegs gewesen und einer der zivilen Seeleute, die auf den vierzehn eingeschlossenen

Schiffen ihren Dienst taten, die zwischen 1967 und 1975 auf dem Großen Bittersee im Sueskanal festgesetzt waren, als Israel und Ägypten im Rahmen der Sechstage- und Jom-Kippur-Kriege in militärischem Konflikt standen und der Kanal gesperrt und blockiert worden war. Der Onkel habe dem Kapitän oft von seiner Zeit in der *Gelben Flotte*, wie man die vom Wüstensand eingestaubten, unbewegten Schiffe genannt habe, erzählt. Davon, dass zunächst unter den Seeleuten eine gewisse Urlaubsstimmung geherrscht habe, dass man sich mit freiem Oberkörper in die Sonne gelegt und die Kampfflugzeuge am Himmel beobachtet habe oder nachts die Leuchtspuren der über den See und die eingeschlossenen Schiffe hinweggefeuerten Artilleriegeschosse. Dass die ägyptische Regierung sehr bewusst den Kanal so dichtgemacht habe, dass die eingeschlossenen Frachtschiffe eine Art Sicherheitspfand dargestellt hätten, das man von den verschiedenen Nationen einbehalten wollte, die sich potentiell in den Konflikt einmischen könnten. Und dass sich infolge dieser Einschließung unter den Angehörigen der verschiedenen Nationen (Deutsche, Schweden, Tschechoslowaken, Bulgaren, Amerikaner, Briten, Franzosen, Polen und Österreicher) sehr verbindliche Freundschaften und eine völlige Gleichgültigkeit gegenüber der Herkunft aus den verfeindeten politischen Systemen des Ostens und Westens gebildet hätten. Der Kapitän erzählt

den beiden Künstlern, als sie selbst den Großen
Bittersee durchfahren, der von grellen Licht-
reflexen überglitzert ist und in dem auch in
dieser Gegenwart einige Frachtschiffe unbewegt
vor Anker liegen, sein Onkel habe beim Erzählen aus dieser Zeit des Eingeschlossenseins
nie verschwiegen, dass es sich um einen Kriegs-
zustand gehandelt habe, seine Darstellungen
seien dem Kapitän aber vor allem als eine schöne
Geschichte der Kameradschaft, der Zusam-
mengehörigkeit und der Hilfsbereitschaft in Erinnerung geblieben.

Die Besatzungen der eingeschlossenen Schiffe
ernährten sich zunächst von dem, was sie
an Nahrungsmitteln als Fracht in ihren Lade-
räumen zur Verfügung hatten – es wurden
Grillfeste veranstaltet, auf die auch diejenigen
Seeleute eingeladen wurden, die selbst keine
essbaren Waren geladen hatten und nichts
zur Tafel beisteuern konnten. Als klar wurde,
dass sich die Seeleute für einen längeren
Zeitraum würden einrichten müssen, da kein
Ende des Konflikts absehbar war, wurden
aus Rettungsbooten, leeren Holzkisten und
Stoffbahnen aus der Ladung Segelboote gebaut
und Regatten auf dem Großen Bittersee ab-
gehalten. Es wurde eine Olympiade mit verschiedenen Disziplinen und selbstgegossenen
Medaillen veranstaltet und die ganze Zeit
über wurden Instandhaltungsarbeiten an den
Schiffen durchgeführt, in der Hoffnung, sie

irgendwann wieder aus dem Großen Bittersee
und dem Sueskanal hinaus und in ihre Bestim-
mungshäfen fahren zu können. Der Kapitän
erzählt den beiden Künstlern, sein Onkel habe
ihm gegenüber immer wieder die Schwierig-
keit betont, die Männer auf den Schiffen
bei Laune zu halten. Man habe sich ja nicht nur
Freizeitbeschäftigungen für sie ausdenken
müssen, sondern auch genug Arbeit für alle
quasi erfinden, die sich noch dazu sinnvoll und
nützlich habe anfühlen müssen, um melan-
cholischer Grübelei, Antriebslosigkeit und De-
pressionen vorzubeugen.

Die Reedereien, denen die eingeschlossenen
Schiffe gehörten, seien irgendwann dazu über-
gegangen, die Besatzungen in halbjährlichem
Turnus auszutauschen. Es habe nur sehr wenige
Landgänge gegeben, während der Zeit des
Onkels und auch später, an die vom Krieg ver-
wüsteten Ufer des Großen Bittersees oder
nach Kairo, wo die Seeleute sich vor allem für
Prostituierte interessiert hätten, aber auch
ein Tagesausflug auf Kamelen zu den Pyra-
miden und der Großen Sphinx von Gizeh unter-
nommen worden sei. Der Onkel des Kapitäns
und seine Mannschaft hätten der Erzählung
zufolge die Landgänge als etwas sehr Erschüt-
terndes erlebt, die zerschossenen Gebäude
und ausgebrannten Fahrzeuge und die Toten,
die unmittelbar nach den Kampfhandlungen
noch in den Orten am Seeufer verstreut lagen.

Und sie seien sich durch diese Landgänge sowohl
der besonderen Freiheit bewusst geworden,
die ihr Eingeschlossensein auf dem See mit sich
gebracht habe, als auch der besonderen Verantwortung den anderen Miteingeschlossenen
gegenüber – ein moralischer Imperativ der Soli-
darität, sozusagen, sagt der Kapitän im Gespräch mit den beiden Künstlern beim Rauchen
auf dem Außenbalkon an der Kommandobrücke, über alle Sprachbarrieren und natio-
nalen Zugehörigkeiten hinweg. Deswegen habe
der Kapitän diese Erzählung seines Onkels
immer als eine sehr schöne Geschichte empfun-
den, weil sie die schöne Moral gehabt habe,
dass die Seefahrer auf dem engsten Raum ihrer
Schiffe (die irgendwann zu Schiffsverbänden
zusammengetäut wurden) die Konflikte, in
die ihre jeweiligen Nationen verstrickt gewesen
seien, hinter sich gelassen hätten, um gemeinsam das Beste aus ihrer Situation zu machen.
Dass inmitten des Krieges und bedingt durch
diesen Krieg eine Gefangenengesellschaft
entstanden sei, deren oberste Gesetze und Ge-
bote das friedliche Miteinander, die Kameradschaft und Hilfsbereitschaft gewesen seien.

Beim Aussuchen der Filme, am DVD-Regal auf
dem F-Deck, ist den beiden Künstlern nicht
voll bewusst, weshalb ihre Wahl immer wieder
auf Science-Fiction- und Alien-Filme fällt,
obwohl sie das Schauen dieser Filme jedes Mal
nachhaltig verstört aus dem Aufenthaltsraum

der Passagiere entlässt. Die teuer produzierten Visualisierungen vom Aufbruch ins Unbekannte auf den Kommandobrücken der Raumschiffe müssen ihnen aller Verstörung zum Trotz in ihrer aktuellen Situation verwandter erscheinen als Plots und Narrative, die im Festland-Realismus verortet sind. Eine besondere Rolle bei der Auswahl spielt sicherlich auch die erhoffte, erwünsche oder projizierte Identifikation mit dem Alien, die die Künstler als ihr Gepäck mit aufs Schiff gebracht haben und die ihre gesamte Interaktion mit der Besatzung als vorbewusstes Motiv begleitet (die Position der Künstler in der Gesellschaft an Land, nicht nur der beiden, sondern generell, bestimmt die Ausrichtung ihres Interesses). An den Crews der meist unheilvollen Expeditionen ins All in den Filmen sind die Heimsuchungen, die jeden Ausfahrenden begleiten, seit das erste Schiff in unbekannte Gewässer ausgesegelt ist, zur Beobachtung sichtbar ausgestellt: der dunkle Schatten, der die Weltenreisenden begleitet, ist nicht das fremde Andere, von dem man verschieden ist, sondern der Spuk der möglichen gelebten Leben an Land, wäre man nicht zur See oder ins All gefahren.

Ein anderer Deckarbeiter, der ein buntgemustertes Tuch vorm Gesicht trägt und eine lange Stange in der Hand hält, auf die oben ein Farbroller aufgesteckt ist und die dadurch wie ein improvisierter Hirtenstab aussieht, erzählt

den beiden Künstlern: wenn man nach Monaten
an Deck des Schiffes, wo ständig die blaue
Fläche des Meeres an einem vorüberzieht, während der Himmel und der stählerne Saum der
Reling still zu stehen scheinen, schließlich
von Bord an Land geht, verschieben sich für
einige Zeit noch die Häuser in den Straßen, die
Zeilen in den Büchern und vor allem die Land-
schaften in den Träumen auf die gleiche
Weise gegeneinander. Und einer der zuhören-
den Künstler ergänzt für sich beim Zuhören,
dass dadurch für eine Weile alles an Land nicht
so fest an seinem Platz zu stehen scheint,
wie es einem dann nach ein paar Wochen wieder
vorkommt. Dass diese Halluzination des mittig
durch alles hindurchfließenden Fließens so
etwas wie die metaphysischen *Sealegs* sind, auf
denen man von den Schiffen herunter und
in die Straßen der Städte unsicher zu gehen hat
– der Preis der Überfahrt, der Obolus an den
Fährmann: das Festland verliert seine zent-
ralste Qualität, fest zu sein.

Der Fährmann Ur-šanabi bringt den König
Gilgameš über die Wasser des Todes zum Land
der Seligen.

Der Fährmann Mahaf bringt die Seelen
der Toten durch windige Gewässer in die Duat
und nach Sechet-iarn.

Der Fährmann Charon bringt den Sänger
Orpheus über den Acheron ins Reich des Hades.

Der Fährmann Phaon bringt die Göttin der
Liebe, der Schönheit und der sinnlichen Be-
gierde, Aphrodite – in Unkenntnis ihrer wahren
Identität –, über die Straße von Lesbos nach
Kleinasien, ohne ein Entgelt von ihr zu verlangen.

Der Fährmann Manannán mac Lir bringt
die Seelen der Verstorbenen in seinem Boot
Scuabtuinne nach Tír Tairngire.

Der Fährmann Phlegyas bringt die Dichter
Vergil und Dante durch den Sumpf der zornigen
Seelen und ans andere Ufer der Styx.

Der Schutzgott des Verkehrs, der Reisenden,
der Kaufleute und der Hirten, der Diebe, der
Kunsthändler, der Redekunst, der Gymnastik
und der Magie, Hermes, bringt die Seelen
der Freiersmänner, die ihm wie schwirrende
Fledermäuse folgen, über einen modrigen
Pfad bis zu den Strömen des Okeanos, vorüber
am Leukadischen Felsen und den Toren der
Sonne zum Land der Oneiroi, der Kinder der
Nacht, und weiter bis zur Asphodeloswiese, wo
die Schattenbilder der Toten wohnen.

„From all the hurt I am suffering / From all the
harm I see / From all these eyes of emptiness /
And all those evil deeds / Where the rainbow
starts to end / Across the swell / Behind the sea /
Where the rainbow starts to end / Let the
currents carry me / Take me away boatman /
Far far away / Take me away boatman /
Let me go astray / From all the love I never got /
And all the care I lacked / From all the blows
that rained on me / But I won't count back /
Where the pain begins to end / Across the swell /
Behind the sea / Where the pain begins to end /
Let the currents carry me / Take me away
boatman / Far far away / Take me away boatman /
Let me go astray / Take me away boatman /
Far far away / Take me away boatman / Take me
away boatman / Take me away boatman /
Far far away / Take me away boatman / Let me
go astray / Take me away boatman / Far far away /
Take me away boatman / Take me away
boatman / Take me away boatman / Far far away /
Take me away boatman / Let me go astray /
Take me away boatman / Far far away / Take me
away boatman / Take me away boatman /
Take me away boatman / From all the hurt I am
suffering / From all the harm I see / From all
these eyes of emptiness / Take me away boatman /
Take me away boatman / From all the hurt
I am suffering / From all the harm I see / From all
these eyes of emptiness / Take me away
boatman / Take me away boatman / Take me
away boatman."

Die Filme, die die beiden Künstler im Aufenthaltsraum der Passagiere schauen, werden
allabendlich ausschließlich von ihnen selbst ausgewählt. Neben den erwähnten Science-Fiction-
und Alien-Filmen gilt ihr grundsätzliches
Interesse allen Raum- oder Seefahrtsgeschich-
ten, die den Aufbruch in eine andere Wirklichkeit zum Thema haben, Konfrontationen
mit anderen Welten und Wesen, unheimlichen
Begegnungen der dritten Art, Odysseen,
Schiffbrüchen und Robinsonaden. Jedem Film
geht eine Entscheidung voraus und jede Entscheidung begleitet das Gefühl, zumindest the-
matisch oder motivisch beim Schauen in einem
ähnlichen Zusammenhang bleiben zu wollen
wie im Alltag auf dem Schiff. Die von den
Sendern und Kanälen kuratierten Fernsehpro-
gramme, die sie vom Festland gewohnt sind
und deren Auswahl ihnen immer auch als eine
Auskunft über die Gesellschaft erscheint,
für die ausgewählt wird, sind den Künstlern
auf hoher See nicht zugänglich. Rückschlüsse
lassen sich an Bord nur auf die Zweipersonen-
Mikrogesellschaft ziehen, die sie selbst sind.

Nicht an Bord des Schiffes, das sie nach China
bringt, sondern lediglich aus der Festland-
position heraus, vor und nach der Überfahrt,
können die beiden Künstler das Reality-TV-
Format *Container Wars* des amerikanischen
Senders *truTV* im Programm eines deutschen
Sportkanals in synchronisierter Fassung (eine

Synchronisation, die, um den *Reality*-Charakter
aufrecht zu erhalten, wie sonst in Fernsehnach-
richten üblich, so über die Originalstimmen
gelegt wird, dass diese noch hörbar bleiben)
anschauen und auswerten. Die Sendung handelt
von einer Gruppe professioneller Schnäppchen-
jägerinnen und -jäger, die in den Häfen der Welt
zurückgelassene Schiffscontainer bzw. deren
Inhalt auf hektischen Blitzauktionen erstei-
gern, nachdem sie nur einen kurzen Blick in sie
hinein werfen durften. Und davon, wie sie
hinterher ihren Kauf begutachten und den
Wiederverkaufswert einschätzen. Die Container wurden, dem Script der Serie zufolge,
nicht abgeholt, wurden vergessen oder sollten
an inzwischen bankrottgegangene Adressaten
ausgeliefert werden, die sich nun die Zoll-
gebühren nicht mehr leisten können. Für die
Käufer gilt naturgemäß das oberste Gebot, dass
der ermittelte Wiederverkaufswert über
dem Kaufpreis der Auktion liegen muss. Für
die Zuschauer der Sendung liegt der Unterhal-
tungswert einerseits darin, den Schnäppchen-
jägern bei ihrer Arbeit des schnellen intuitiven
Schätzens und Bietens zuschauen zu können,
beim Vertrauen auf Bauchgefühl und Geschäfts-
sinn, auf den richtigen Riecher, das Glück des
Tüchtigen. Auf der anderen Seite befriedigt
das Format noch eine tieferliegende Neugier, ein
Bedürfnis der Zuschauer, dem außerplanmäßigen Aufbrechen der Container beizuwohnen,
dem Lüften zumindest eines der Geheimnisse,

die täglich millionenfach in standardisierten Behältern an ihrem Wahrnehmungsbereich vorbeitransportiert werden.

Die Gesellschaft an Land, über die das für sie gestaltete Fernsehprogramm Auskunft gibt, steht zu den Containern, die als Antworten auf ihre nie explizit gestellte und doch als machtvolle Größe im Welthandel präsente *Nachfrage* um die Welt gehen, in einer Art Nichtverhältnis, das seinen Ursprung wahrscheinlich in der Abgeschlossenheit der standardisierten Behälterlogistik hat (sowie in der Verlagerung des Warenumschlags in die Peripherie des öffentlichen Raumes). Die Neugier, die durch das *Container Wars* Format indirekt abgebildet wird, erzählt auch etwas über die Natur dieses Nichtverhältnisses. Der Warentransport ist nach außen hin nicht mehr als ein Verschieben der immerselben Formen auf den Handelsrouten der Welt. Er ist prinzipiell, von außen betrachtet, *unlesbar*. Das Interesse des außenstehenden (insbesondere vielleicht des männlichen, technikaffinen) Betrachters gilt vor allem der Größe der Maschinen, die diese immerselben Formen um die Welt bewegen – das jeweils aktuelle, superlativische Containerschiff in Zahlen (ein Schiff der Mærsk-Triple-E-Klasse wäre aufs Heck gestellt so hoch wie das Empire State Building usf.). Die Container selbst sind durch ihre an sich minimalistische Form des blanken Quaders zwar

maximal anschlussfähig für alle möglichen Abs-
traktionen (Welthandel, Kapitalismus, globale
Ungleichheit, miserable Arbeitsbedingungen,
Handelskriege, Kolonialismus, Verschmutzung
der Meere und der Atmosphäre, Ignoranz,
Gier, Warenfetisch) – verschwinden dabei aber
in gewisser Weise als je konkrete Gegenstände
aus der Betrachtung.

Die Millionen Möglichkeitsräume der täglich
um die Welt reisenden Container übersteigen
die Vorstellungskraft jedes Einzelnen, der
die bloße Menge, die Megatonnen der in ihnen
verwahrten Waren und Wertgegenstände zu
fassen versucht. Der *Rahmen der Möglichkeiten*
– als die Summe dessen, was man sich vorstellen
kann – wird allein schon durch die vierzehntausend Standardcontainer gesprengt, die sich
auf dem Schiff befinden, das die beiden Künstler
nach China bringt. In der Straße von Singapur,
als sie mit ihrem Schiff an hunderten anderer,
vollbeladener Schiffe vorbei in eine dunkle
Schlechtwetterfront hineinfahren, in der die
halbe Stadt und der Hafen bereits verschwunden
sind, glauben die Künstler, eine ungefähre
Ahnung des täglichen Frachtschiffaufkommens
an diesem Güterverkehrsknotenpunkt aus dem
Anblick ableiten zu können. Die Grenzen ihrer
Vorstellungskraft werden im selben Moment
schon wieder überschritten von der Tatsache,
dass die riesige, in gespenstischer Stille vor der
Stadt Singapur in Richtung der Straße von

Malakka und des Südchinesischen Meeres kreuzende Handelsflotte nur einen Bruchteil der insgesamt unüberschaubaren globalen Warenbewegung ausmacht.

Der Genuss der Zuschauer beim Konsum der formatierten *Reality* der *Container Wars* wird also nicht zuletzt durch die Befriedigung des Bedürfnisses erzeugt, die Geheimnisse und Geschichten, die zusammen mit der Ladung in den Containern eingeschlossen sind, aus der Unverfügbarkeit des logistischen Prozesses herauszulösen. Das Interesse richtet sich auf den Punkt, an dem der Idealverlauf dieses unüberschaubaren Prozesses gestört wird, die Versiegelungen aufgebrochen und der Inhalt gewaltsam *ans Licht* geholt, wo er dann mindestens die Geschichte seiner unvollendeten Reise erzählen muss – und vielleicht auch etwas über seine Herkunft und Bestimmung. Anders als die Hoffnungen der Schnäppchenjäger, der Inhalt der aufgebrochenen Container möge möglichst populär und gut verkaufbar sein, hofft der Großteil der Fernsehzuschauer (so zumindest vermuten es die beiden Künstler beim Schauen am Festland) auf exotische Inhalte, auf eine Überraschung, die selbst die abgeklärten Auktionsprofis verblüffen würde. Nicht zwanzigtausend Sportschuhpaare, Badeenten oder Fidget Spinner erhofft der Zuschauer beim Öffnen der Containertüren, sondern etwas Außergewöhnliches, das seinen Bestimmungs-

ort im Geheimen erreichen sollte und nun als
halb erzählte Geschichte die träge Phantasie der
Betrachter zur Spekulation, zum *Erzählen*
animiert. Durch dieses Ingangsetzen des Erzählens im passiven Zuschauer wird schließlich
die kalte Indifferenz logistischer Prozesse auf
versöhnliche Weise transzendiert: als Erzählung
leistet die Geschichte ihren Dienst am Menschen, das inkommensurable Phänomen verdau-
lich aufzubereiten.

Für den Verstand des Einzelnen bedarf es der
Störung des Ablaufs, braucht es einen Bruch im
logistischen Prozess, um die standardisierten
Behälter in etwas Lesbares zu überführen. Jede
Container Wars-Auktion beginnt mit einer
Großaufnahme des Bolzenschneiders, der das
Schloss an den Containertüren durchtrennt.
Die Zuschauer sind eingeladen, die Zerstörung
der Schlösser als eine Grenzübertretung an
den Rändern des Erlaubten zu empfinden, als
ein Ereignis, dem für gewöhnlich nur die
Auktionäre und die professionellen Schnäpp-
chenjägerinnen und Jäger beiwohnen, das nun
aber, eingefangen durch die Kamerateams
von *truTV*, unerhörterweise aus der Peripherie
der Containerterminals auf die Fernsehbild-
schirme der Wohnzimmer gelangt ist. Für die
Container, auch wenn sie unbemannt und
nur mit Ladung gefüllt sind (die fürs Fernsehen
geöffneten Container enthalten bei aller behaupteten *Reality* niemals die toten Körper der

sogenannten *Stowaways*, die beim Versuch,
in ein anderes Leben zu flüchten, auf den
Frachtschiffen erstickt oder verhungert sind),
gilt beim Betrachten ihrer außerplanmäßigen
Öffnung, was auch für die Besatzungen der
Raumschiffe in den Science-Fiction Filmen,
beim Schauen im Aufenthaltsraum der Passagiere, gegolten hat: Die spukhafte Präsenz, die
den Inhalt der geöffneten Behälter umgibt
(der sein Ziel nicht erreichen wird), ist nichts
Fremdes oder Unerhörtes – sie entspricht
den möglichen gelebten Leben der Besatzungen,
wären sie zuhause geblieben. In beiden Fällen
ist es der Genuss für die Zuschauer, aus der
Sicherheit des eigenen Sessels heraus den
Schiffbrüchen und dem Scheitern beiwohnen
und die eigene Position als das begreifen zu
können, was unerreichbar geworden ist für die
Ladung und die Crews der Raumschiffe: den
Ort der Bestimmung, das Ziel, auf das all
die Bewegung ausgerichtet ist und an dem die
Reisen immer wieder enden, solange sie nicht
scheitern.

In der Mannschaftsmesse des kommerziellen
Raumfrachtschiffes *USCSS Nostromo* sitzen die
Besatzungsmitglieder noch etwas verschlafen
beieinander. Sie wurden aus ihren Tiefschlaf-
kapseln geweckt, da der Bordcomputer (*Mother*)
ein Funksignal unbekannter Herkunft emp-
fangen hat und die interstellaren Raumfahrt-
konventionen vorschreiben, dass solchen

Signalen auch durch die Besatzungen von Frachtschiffen nachgegangen werden muss („Any
systematized transmission indicating a possible
intelligent origin must be investigated"). Das
Signal, das den Bordcomputer erreicht hat,
stammt von einem Planeten (*LV-426*) etwas
abseits der geplanten Route der *Nostromo*.
Die Mitglieder der Besatzung sind unzufrieden,
da sie bereits ahnen, dass ihnen der Umweg
nicht vergütet werden wird und dass ihre sichere
Heimkehr generell in Gefahr geraten ist. Die
Navigationsoffizierin der *Nostromo* (Joan
Lambert), die die Abweichungen vom geplanten
Idealverlauf berechnet, muss später mit zwei
anderen Besatzungsmitgliedern von Bord, um
den Ursprung des Funksignals auf dem Planeten
zu überprüfen. Sie hat von Anfang an ein un-
gutes Gefühl und bittet auch mehrmals darum,
nicht mitgehen zu müssen.

Die Navigationsoffizierin Joan Lambert (Vero-
nica Cartwright), die nach einem Masterstu-
dium der Astro-Kartographie an der Universität
Ontario auf der Erde zwei Mal verheiratet war
und sich wieder scheiden ließ, als Fluglotsin auf
der Frachtschiffverbindung zwischen Plymouth
und der dunklen Seite des Mondes angestellt
war und auf dem Red-Star-Lines Pleasure-
Cruiser *Infinity* zwischen Mars und Orion als
Navigationsassistentin Raumfahrterfahrung
sammelte, wurde von der Weyland-Yutani
Corporation als Navigationsoffizierin für die

Langstreckentransporte mobiler Raffinerien
zwischen Abbaugebieten am äußeren Rand des
durch bemannte Raumfahrt erreichbaren
Weltalls und der Erde engagiert und zuerst auf
der *Adowa* und später auf der *Nostromo* ein-
gesetzt. Im Besatzungsprofil ihres Arbeitgebers
ist vermerkt, dass die Auswirkungen der
Langstreckenraumfahrt auf die vermeintlich
labile Psyche der Navigationsoffizierin Lambert
beobachtet und ihre Einsatzfähigkeit auf
solchen monatelangen Fahrten evaluiert werden
müssen.

Während einer langen Wache auf der Brücke,
als das Schiff, das die beiden Künstler nach
China bringt, unter einem blauen Himmel auf
unbewegter See im Autopilot dahinfährt,
als sehr weit gespäht werden kann mit den Ferngläsern, wobei nichts Besonderes in den Blick
gerät (kleine Dschunken, Fischer, eine Motor-
yacht, ein paar Containerschiffe), erzählt
der Navigationsoffizier, der gerade den nächsten
Routenabschnitt mit Lineal und Bleistift auf
einer Seekarte einzeichnet (Einfahrt ins Süd-
chinesische Meer zwischen Vietnam und
den Philippinen), davon, wie er einmal auf
einem Containerschiff angestellt war, das im
Pazifischen Ozean einen Schiffbrüchigen
aufgelesen hat, der von der Sonne verbrannt
und halb verdurstet auf einem selbstgezimmerten Floß lag und kaum mehr den Kopf heben
konnte, als ihm das rettende Schiff unverhofft

durchs Gesichtsfeld fuhr. Der Schiffbrüchige sei
enorm verwirrt gewesen, er sei auf dem Containerschiff, das noch einige Tage vom nächsten
Hafen entfernt gewesen sei, erstversorgt
und schließlich von einem Helikopter abgeholt
worden. Es habe eine Weile gebraucht, den
Mann, der ein Amerikaner sei und bei einem
großen Logistikunternehmen angestellt,
zu identifizieren und die entsprechenden Stellen
zu informieren. Am Anfang, erzählt der Navigationsoffizier den beiden Künstlern, habe
er eigentlich immer nur wieder dieselben Sätze
gesagt, die die Besatzung seines Schiffes habe
fürchten lassen, dass der Schiffbrüchige vielleicht schon irgendwo auf dem Pazifik seinen
Verstand verloren hatte. Er habe immer wieder
die Worte „We live and die by the time" und
„Let's not commit the sin of turning our back on
time" wiederholt und dabei eine Taschenuhr
angestarrt, die längst stehengeblieben war, in
deren Deckel sich aber die vergilbte Fotografie
einer Frau befunden habe.

Der Navigationsoffizier erzählt den beiden
Künstlern, dass er sich noch lange für das Schicksal des Schiffbrüchigen Amerikaners interessiert habe, das in verschiedenen Reportagen
und Fernsehbeiträgen aufgearbeitet wurde und
auf der ganzen Welt für Aufsehen sorgte.
Aus diesen Beiträgen sei hervorgegangen, dass
die Frau auf der vergilbten Fotografie im
Deckel der kaputten Taschenuhr die Verlobte

des Schiffbrüchigen gewesen sei und dass der
Schiffbrüchige, bevor sie ihn im Pazifik aufgelesen haben, vier Jahre auf einer unbewohnten
Insel zugebracht hatte, als einziger Überle-
bender des Absturzes eines Frachtflugzeugs der
großen Logistikfirma, bei der er angestellt
war. Die Uhr mit dem Bild der Frau war ihm von
seiner darauf abgebildeten Verlobten zu Weih-
nachten geschenkt worden, im Auto, als sie
sich am Flughafen verabschiedeten, bevor der
Amerikaner seinen unglücklichen Flug antrat
(über die Geschichte des Amerikaners, erzählt
der Navigationsoffizier, sei auch noch in den
kleinsten Details Bericht erstattet worden). In
der Zeit seiner Abwesenheit sei der Amerikaner für tot erklärt worden, man habe seiner
Verlobten mehrmals gesagt, dass sie ihn *gehen
lassen* müsse (der Navigationsoffizier macht mit
den Fingern Anführungszeichen um die Worte
let him go) und es habe auch eine Zeremonie
gegeben, bei der ein Sarg voller Gegenstände,
die an den verschollenen Amerikaner erinnern
sollten, beerdigt worden sei.

Nachdem wir ihn im Pazifik aufgelesen, an Bord
genommen und erstversorgt hatten, nachdem
er von einem Helikopter abgeholt und nach
Amerika zurückgebracht worden war, erzählt
der Navigationsoffizier den beiden Künstlern,
musste der Amerikaner feststellen, dass die
Frau, deren Bild er die ganze Zeit im Deckel der
kaputten Taschenuhr angeschaut und das ihm

auf seiner einsamen Insel vier Jahre lang Kraft
und Hoffnung gegeben hatte, zu überleben
und schließlich auf seinem selbstgezimmerten
Floß aufs Meer auszufahren, um dort gefunden zu werden, in der Zwischenzeit einen
anderen Mann geheiratet und ein Kind bekommen hatte. Etwas in der Stimme des Navigati-
onsoffiziers lässt die Künstler glauben, dass im
Schicksal des Schiffbrüchigen Amerikaners
eine ständige Sorge und Angst der Seeleute
direkt abgebildet ist: Dass die Zeit, der man den
Rücken kehrt auf dem Meer, an Land weiter-
läuft und vergeht und alles, auch die Liebe derer,
deren Bilder man betrachtet, während man
abwesend ist, sich völlig verändert hat, wenn
man zurück kommt, unkenntlich geworden ist
oder ganz verschwunden.

„Die Wahrheit kam nicht nackt in die Welt, sondern sie kam in Sinnbildern und Abbildern. Die Welt wird sie nicht anders empfangen können."

Philippus Evangelium,
Spruch 67

„Die Dünung war vollständig eingeschlafen. Die Sonne brannte auf die reglose See. Über dem Horizont lag leichter Dunst. Das Schlauchboot trieb nur unmerklich. Der Einarmige beobachtete unablässig die Kimm. Der Andere schlief. Es war nichts in Sicht."

Jens Rehn,
Nichts in Sicht

„Beweg dich, Mann, oder geh unter. Jetzt hast du den Boden unter den Füßen verloren. Beweg dich. Die großen Worte sind dir ausgegangen. Die großen Gesten sind dir ausgegangen. Geh unter. Die dich brauchten, kennen dich nicht mehr. Ausgelöscht ist alles an dir. Durchgestrichen ist alles an dir. Du bist ein leeres Blatt. Du wirst nur noch beschrieben. Geh unter, Mann, oder schwimm."

Thomas Brasch,
Sindbad

„Einmal wendet sich Josip. Er blickt zum Herrenhaus hinüber. Das Wasser liegt dazwischen, aber er sieht doch an einem der Fenster den ‚Herrn' stehen. Er, Josip, kann viele Stunden ruhig stehen oder liegen, er kann Tag für Tag das gleiche Wasser hören, aber der Herr im weißen Haus, das sie manchmal das ‚Schloß' nennen, muß Ruhelosigkeit in sich tragen. Er steht bald an diesem, bald an jenem Fenster, manchmal kommt er den Wald herunter, daß Josip meint, er wolle den Fluß überqueren, aber dann verneint er, so gut dies über das Brausen geht. Er streift zwecklos am Ufer entlang und kehrt wieder um. Josip sieht das oft. Der Herr ist sehr mächtig, er verbreitet Scheu und Ratlosigkeit um sich, aber er ist gut. Alle sagen es."

Ingeborg Bachmann,
Die Fähre

„**What we experience as reality always needs an illusion even to function as reality.**"

Slavoj Žižek,
Marx Reloaded

„Der Prozess der Erkenntnis ist auf Verluste kalkuliert. Zu definieren, Zeit sei das, was man mit einer Uhr misst, hört sich solide an und ist höchst pragmatisch in Bezug auf Vermeidung von Streitigkeiten. Aber war es das, was wir verdient haben, seit wir zu fragen begonnen hatten, was Zeit sei?"

Hans Blumenberg,
Ausblick auf eine Theorie der Unbegrifflichkeit

„Und ich sah Inselsterne, sah Archipele ragen, darüber Fieberhimmel – das Tor der Wanderschaft! – Hats dich dorthin, ins Nächtige und Nächtigste verschlagen, du goldnes Vogeltausend, du künftige, du Kraft?"

Arthur Rimbaud,
Das trunkene Schiff

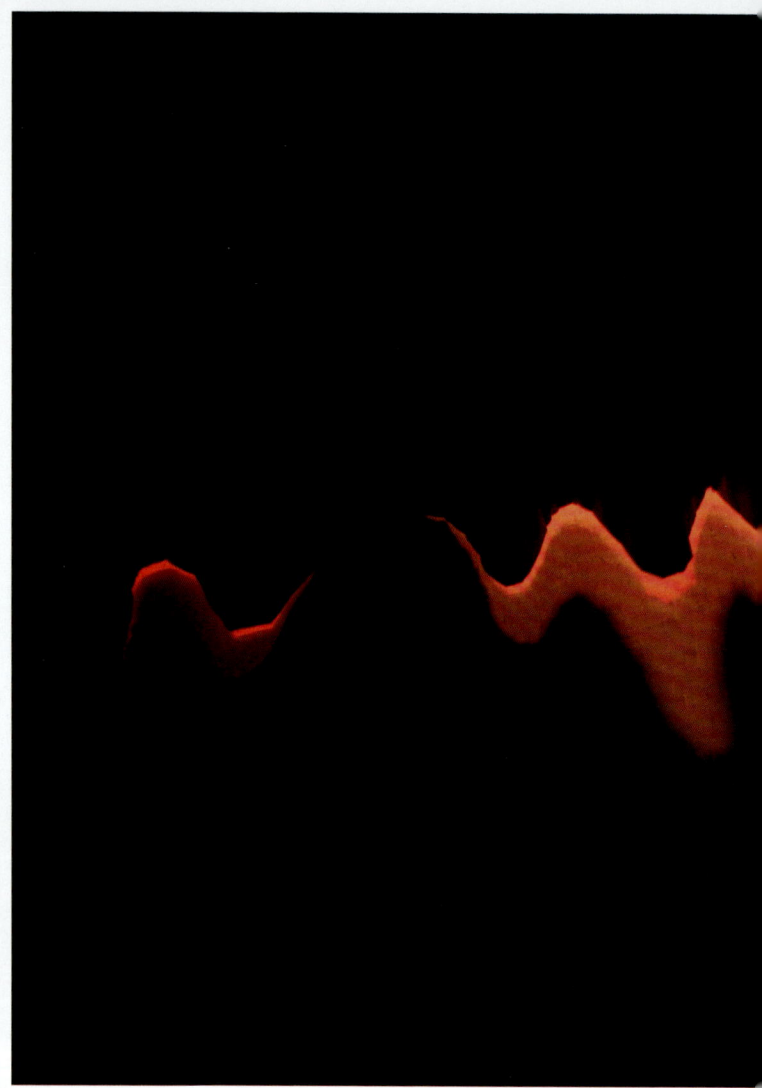

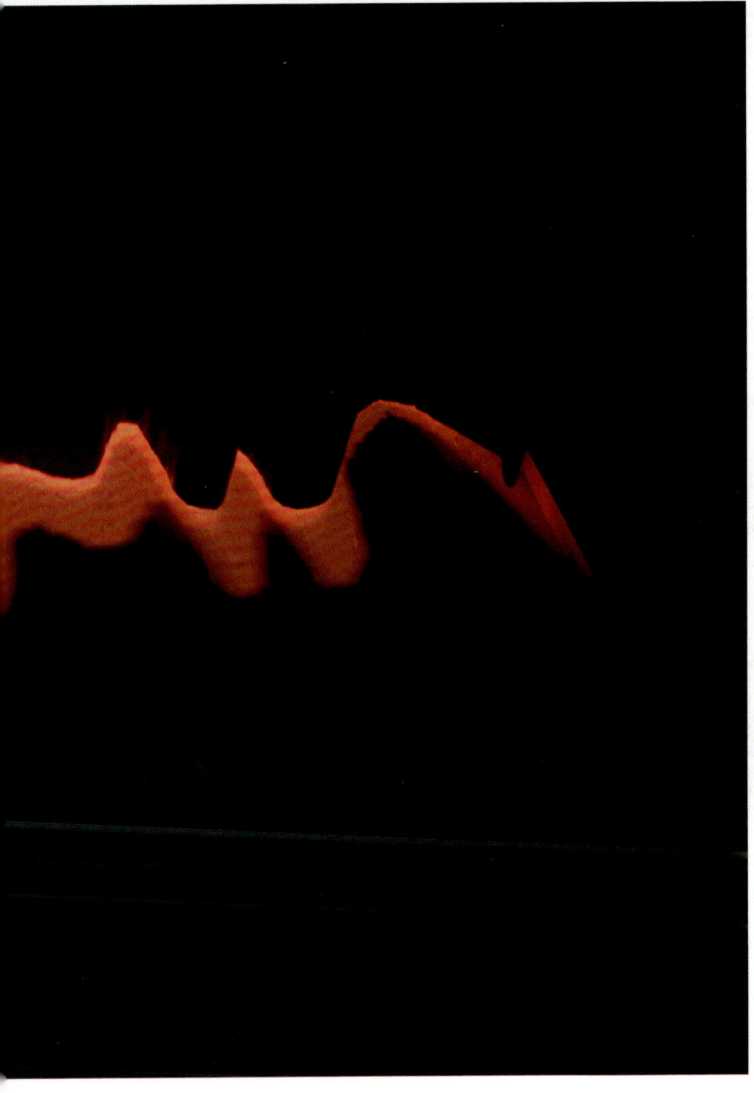

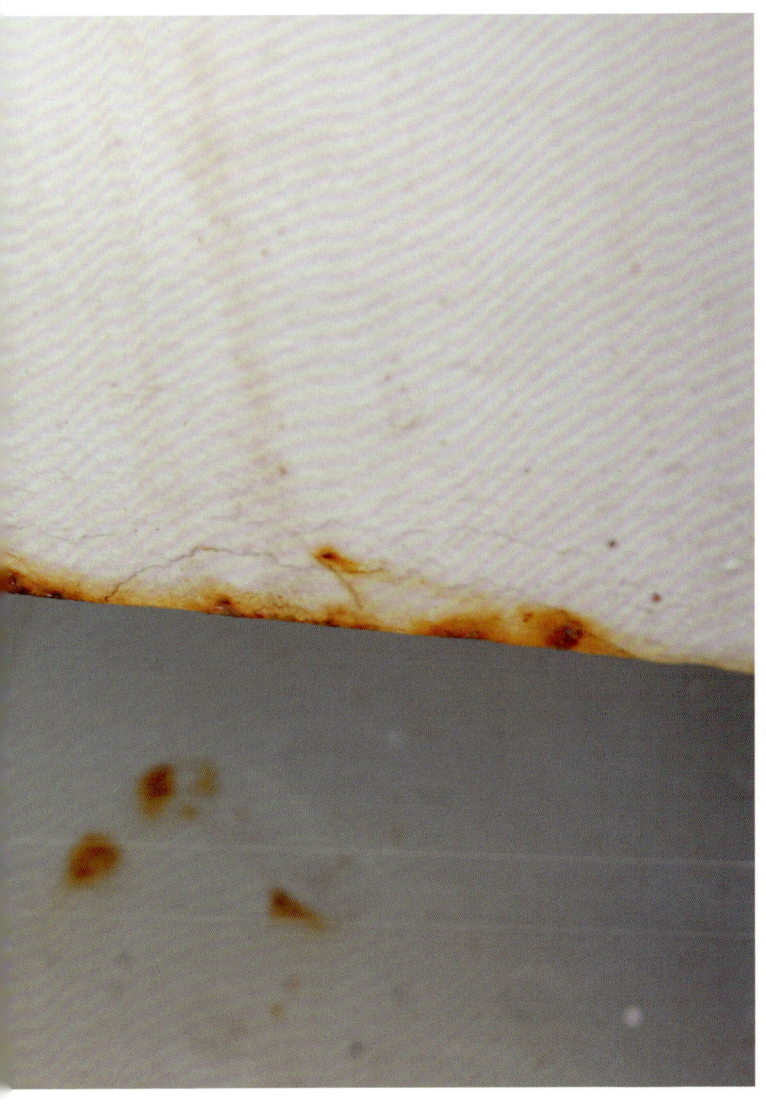

Landgang

Jemand spuckt einen hellgrünen Schleimfaden,
der in der Luft noch um sich selbst rotiert,
in eine Hecke in Le Havre. Die beiden Künstler
können nicht anders, als diesen Schleimfaden
die ganze Dauer ihres Vorübergehens an der
Hecke, wo er zäh von einem Ast hängt und doch
nicht heruntertropft, anzusehen, obwohl er
körperliche Übelkeit in ihnen auslöst.

Im *Malta Europort* der Hafenstadt Birżebbuġa,
in der Bucht von Marsaxlokk, ist es den beiden
Künstlern möglich, einfach so über die Gangwaytreppe von Bord und am Schiff entlang auf
der Kaimauer spazieren zu gehen bis zu einem
Wachhäuschen, in dem sie sich beim diensthabenden Hafenagenten abmelden müssen, um
das Gelände verlassen zu dürfen. An den *Malta
Europort* der Hafenstadt Birżebbuġa direkt
angrenzend befindet sich der Badestrand der
Il-Bajja s-Sabiha, vor dem ein Schwimmbereich
mit einem Bojenband abgetrennt ist. Im Hintergrund der hier badenden Einheimischen und
Touristen ragen die beladenen Containerschiffe
wie eine Stadtsilhouette in den Himmel. Auf
ihrem Weg entlang der Uferpromenade begeg-
nen die beiden Künstler immer wieder Besatzungsmitgliedern ihres Schiffes, die auf den
Plastikmöbeln vor den Restaurants zwischen

Familien mit aufblasbaren Schwimmtieren und Strandspielzeug sitzen und das soziale Leben der anderen beobachten.

Die beiden Künstler fahren mit einem Linienbus von Birżebbuġa in die Hauptstadt Valletta. Die Autobahn, die die beiden Städte miteinander verbindet, ist einseitig wegen Bauarbeiten gesperrt. Der Verkehr fließt sehr träge dahin und die Fahrt dauert übermäßig lange. Die Klimaanlage des Linienbusses ist defekt, draußen brennt eine unbarmherzige Sonne auf eine staubtrockene, beigefarbene Landschaft herab. Die anderen Fahrgäste schwitzen schweigend und starren durch die staubigen Fensterscheiben, durch die nichts Eindeutiges mehr zu erkennen ist. Jeder Atemzug fühlt sich so an, als hätte ihn ein anderer schon in der Lunge gehabt.

Am 9. Juni 1798 erreicht die Kriegsflotte der *Ägyptischen Expedition* unter dem Kommando von Napoleon Bonaparte auf ihrem Weg nach Alexandria die maltesische Küste, bittet um Erlaubnis, sich mit frischen Wasservorräten versorgen zu dürfen und nimmt schließlich in einer zweitägigen Kampagne die gesamte Insel ein, entmachtet den Malteserorden, installiert eine Garnison von 3.000 Soldaten, beschlagnahmt die Kunstschätze der Malteserritter und segelt nach einwöchigem Aufenthalt weiter nach Ägypten. Die Gold- und Silberschätze der

Malteserritter werden auf das Flaggschiff *L'Orient* gebracht, das in der Seeschlacht von Abukir am 2. August 1798 unter Beschuss englischer Kriegsschiffe explodiert und mit seiner gesamten Ladung im Mittelmeer versinkt.

Die Stadt Valletta ist im Jahr der Ankunft des Linienbusses, der die beiden Künstler von der Hafenstadt Birżebbuġa auf einen Vorplatz vor dem historischen Stadttor und der Straße der Republik gebracht hat, Kulturhauptstadt der Europäischen Union, worauf ein Transparent verweist, das neben dem Tritonenbrunnen aufgespannt ist. Die Straßen der historischen Altstadt sind voll von Touristen, die sich ebenso träge auf zu wenig Raum bewegen wie vorher die Fahrzeuge auf der Autobahn. Die Geschäfte auf der Straße der Republik sind überwiegend dem Verkauf von Postkarten und Souvenirs gewidmet.

Nachdem sie anfangs nur wenig Gegenwehr von der maltesischen Bevölkerung erfahren haben, die seit einiger Zeit schon unzufrieden und überdrüssig von der Herrschaft der Malteserritter gewesen ist, regt sich schon im dritten Monat ihrer Präsenz auf der Insel Widerstand gegen die französischen Besatzer, weil sie zwar moderne Regierungsstrukturen nach Vorbild der Französischen Republik implementieren, gleichzeitig aber die örtlichen Kirchen plündern, die Bankreserven des Malteserordens zur Finanzierung der Ägyptischen Expedition verwenden und den einheimischen Angestellten ihre Löhne verweigern. Am 2. September 1798 kommt es zum Aufstand der Malteser gegen die französischen Besatzer, die aus allen Teilen der Insel vertrieben werden und sich nur mehr in den Festungsanlagen der Hauptstadt Valletta verschanzen können. Es beginnt eine zweijährige Belagerung der Hauptstadt durch maltesische Partisanen und durch englische, portugiesische und italienische Kriegsmarine vor den Küsten, die sämtliche Versorgungs- und Nachschublieferungen zu den Besatzern abschneiden (der General der französischen Garnison Claude-Henri Belgrand de Vaubois: „Nous sommes résolus défendre cette fortresse jusqu'à l'extrémité"). Die Belagerung dauert an, bis die französischen Soldaten die umfangreichen Vorräte und später auch sämtliche Pferde, Packesel, Hunde, Katzen und Ratten der Stadt aufgegessen und die Zisternen leergetrunken und aus Mangel an Feuerholz ihre eigenen Schiffe im Hafen auseinandergenommen und verbrannt haben. Am 5. September 1800 kapitulieren die französischen Besatzer und der Inselstaat Malta wird bis zu seiner Unabhängigkeitserklärung 1964 zur britischen Kronkolonie.

Zum Zeitpunkt ihrer Ankunft in der Hauptstadt Valletta, während das Schiff, das die beiden Künstler nach China bringt, im *Europort*

der Hafenstadt Birżebbuġa unter den Containerbrücken liegt und beladen wird, befindet sich,
ohne dass die beiden Künstler davon (aufgrund
ihrer Abgetrenntheit von den Nachrichten
aus aller Welt) Kenntnis haben, das zivile See-
notrettungsschiff *Lifeline* unter Kapitän Claus-
Peter Reisch auf einem Liegeplatz im Hafen
von Valletta, zwangsweise unbewegt und
in Erwartung eines Urteils über seine Zukunft.
Das Schiff und seine Besatzung hatten vor der
libyschen Küste 234 Schiffbrüchige an Bord
genommen und waren mit ihnen für mehrere
Tage auf dem Mittelmeer unterwegs, ohne Ein-
fuhrerlaubnis in einen europäischen Hafen
zu erhalten. In Valletta wird das Schiff schließlich festgesetzt und der Kapitän unter dem
Vorwurf, ohne gültige Registrierung unterwegs
gewesen zu sein, vor einem maltesischen Ge-
richt angeklagt. Die *Lifeline* darf den Hafen von
Valletta vorerst nicht mehr verlassen, um ihrer
Seenotrettungsmission weiter nachzugehen.

Bevor es in den Ärmelkanal einfährt, durchquert
das Containerschiff, das die beiden Künstler
nach China bringt, auf seiner Fahrt von Hamburg nach Antwerpen und weiter nach Le Havre
die Nordsee zwischen England und Deutsch-
land, den Niederlanden und Belgien. Etwa zehn
Kilometer vor der englischen Küste, auf Höhe
der Hafenstadt Felixstowe, wurde während des
Zweiten Weltkriegs die Seefestung *HM Fort
Roughs* ins Meer gebaut, um die Angriffe deut-

scher Bombergeschwader abzuwehren. Nach
Beendigung des Krieges und Abzug der statio-
nierten Soldaten stand die Festung verlassen
in der Nordsee, bis sie in den 60er Jahren von
englischen Piratensender-Betreibern besetzt
wurde, die ihre Sendestationen in die Küstenge-
wässer verlagern mussten, um das gesetzliche
Radiomonopol der BBC zu umgehen. Der
Besetzer und Piratensenderbetreiber Paddy Roy
Bates rief 1975 einen unabhängigen Staat
auf der Seefestung aus und gründete damit die
Mikronation *Sealand*, die aus zwei Beton-
türmen und einer Plattform mit Hubschrauber-
landeplatz besteht, eine eigene Flagge, Hymne
und Währung hat und von keinem Land der
Erde offiziell anerkannt wird. Der Wappen-
spruch der *Principality of Sealand* lautet:
„E Mare Libertas". Im Onlineshop der Mikronation können die Titel Lord/Lady, Baron/
Baroness, Sir/Dame, Count/Countess sowie
Duke/Duchess gegen Zahlung entsprechend auf-
steigender Beträge per Kreditkarte oder Kryp-
towährung erworben werden. Kein Mensch
hat einen festen Wohnsitz in den Räumen der
Mikronation, deren Unabhängigkeit in ihren
Anfangsjahren auch unter Einsatz von Schuss-
waffen verteidigt wurde. Als Streitobjekt
ist Sealand inzwischen bloße Theorie: wer darf
wann eine Nation ausrufen? Wer zahlt wem
welche Steuern und wovon grenzt sich der
Mikrostaat eigentlich ab, wenn seine Bürger auf
dem englischen Festland leben? Und sind die

Ruinen der Weltkriege in den Meeren tatsächlich *terra nullius* und annektierbar durch den ersten Piraten, der dort seine Flagge hisst?

Die chinesische Hafenstadt Qingdao, in deren Containerterminal das Schiff, das die beiden Künstler nach China gebracht hat, anlegt und sie von Bord lässt, wo sie sofort von einem Hafenagenten abgeholt und zum Immigration Office gefahren werden und wo sie den riesigen blauen Rumpf *ihres* Schiffes durch das Heckfenster noch lange Zeit den Horizont verdecken sehen, wird als Ansammlung kleiner Küstendörfer und Siedlungen gemeinsam mit einem großen Teil der Halbinsel Shandong, auf der sie liegt, im Jahr 1897 unter Androhung militärischer Gewalt für den Zeitraum von 99 Jahren zwangsweise an das Deutsche Kaiserreich verpachtet und unter dem Namen *Tsingtau* zur Hauptstadt des *Deutschen Schutzgebiets Kiautschou* ausgebaut. Die Stadt wird zum ostasiatischen Wirtschafts- und Handelszentrum des Deutschen Reiches und seiner Kolonien, es werden Brauereien, Kirchen, Fabriken, Stahl- und Hüttenwerke errichtet und alles Aufgebaute in einer dreimonatigen Belagerung durch japanische und britische Streitkräfte in den Monaten August bis November 1914 zerschossen, zerstört, in Brand gesteckt und in Trümmer gelegt. Aus dem Willen heraus, nach ihrer Kapitulation keine brauchbare Infrastruktur zu hinterlassen, werden Schiffe, Geräte, Fahr-

zeuge und Depots, die den andauernden
Beschuss überstanden haben, in den letzten Ge-
fechtstagen von den deutschen Besatzern eigen-
händig versenkt und zerstört. Der Deutsche
Gouverneur Alfred Meyer-Waldeck hatte zu
Beginn der Belagerung an Kaiser Wilhelm II
den Satz „Einstehe für Pflichterfüllung bis
zum Äußersten" telegrafiert und sein Verspre-
chen entsprechend ausgelegt. Einzig die in
alle Welt exportierende *Tsingtao* Brauerei und
eine Handvoll historischer Gebäude sind im
Jahr des Landgangs der beiden Künstler aus der
deutschen Kolonialzeit übriggeblieben.

Nach erfolgter Vorlage der Ausweisdokumente
im Immigration Office der Hafenstadt Qingdao werden die beiden Künstler vom Hafenagenten gegen Bezahlung aus der Peripherie des
Containerhafens in die Stadt gefahren. Der
Betreiber der im Voraus von den beiden Künstlern gebuchten Unterkunft im Stadtgebiet
verweist im simultanübersetzten Gespräch
darauf, dass er ausschließlich Festlandchinesen
beherberge und ihre Buchung schon vor Tagen
online storniert habe, worüber die beiden
Künstler wahrscheinlich vom Online-Buchungs-
portal informiert worden wären, hätten sie
Zugang zum Internet gehabt. Die beiden
Künstler werden daraufhin vom Hafenagenten
bis in die Nacht hinein durch die Stadt gefahren,
auf der Suche nach einem Hotel, das zur Be-
herbergung von ausländischen Touristen lizen-

siert und noch nicht ausgebucht ist. Im Verlauf
dieser Suche, während er sich mit einem Stoff-
taschentuch den Schweiß von der Stirn wischt
und die Ankündigung eines langen Seufzers
im Gesicht trägt, fragt der Hafenagent die
beiden Künstler: „Why did you come to China?"

Die deutschen Besatzer geben die Verteidigung
ihrer Protektoratshauptstadt Tsingtau erst
auf, als sie die letzte Munition in Richtung der
belagernden japanischen Truppen verschossen
haben. Ihre Kapitulation erfolgt, wie es in
einem Zeitungsartikel formuliert wird, „in aller
Stille", da ihnen zur weiteren Kriegslärmverur-
sachung die Mittel fehlen. Von den 5.000
deutschen Soldaten, die die Stadt verteidigen
sollten, und den mehr als 50.000 japanischen
und britischen Soldaten, die die Stadt belagerten, starben etwa 700 und über 1.700 wurden
verletzt. Eine kampflose Übergabe der Stadt
und der Kolonie Kiautschou an die gegnerischen
Kriegsparteien wurde von Kaiser Wilhelm II
mit den Worten ausgeschlossen, eine deutsche
Festung werde grundsätzlich nicht übergeben,
keineswegs aber an die gelbe Rasse.

Der Taifun, dessen Ankunft an der Küstenre-
gion um Qingdao von den Vorausberechnungen
der interaktiven Wind- und Wetterkarten
auf der Kommandobrücke des Schiffes, das die
beiden Künstler nach China gebracht hat,
für den Zeitpunkt ihres Landgangs angekündigt

wurde, wird zu einer *tropical depression* herab-
gestuft, die zwar den Katastrophenschutz
Entwarnungen über die chinesischen Nachrich-
tensender aussprechen lässt, trotzdem aber
noch reichlich Wind und wilde Wellen ans Ufer
bringt. Die chinesischen Inlandstouristen,
die die Hafenstadt Qingdao besuchen, versam-
meln sich an den Promenaden am Wasser
und fotografieren und filmen die hoch an den
Kaimauern aufspritzenden Wellen. Ein Streifen-
wagen der örtlichen Polizei fährt die Fußwege
am Ufer auf und ab. Aus einem Lautsprecher,
der auf das Dach des Streifenwagens montiert
ist, ertönt die Aufforderung in militärischem Be-
fehlston, von den Geländern wegzugehen.
Eine sehr alte, sehr kleine und sehr dünne Frau
in einem blauen Sommerkleid sitzt im stürmi-
schen Wind der *tropical depression* auf einem
Grashügel am Ufer in der Hocke, unumstößlich,
schaut raus aufs Meer und in den graubewölk-
ten Himmel.

Auffälligstes Ungewohntes nach den Wochen
auf dem Schiff ist für die beiden Künstler nicht
die Abwesenheit von schwankender Bewegung
oder gleichmäßig vorüberziehender blauer
Meeresoberfläche, sondern die besondere Viel-
falt des Details, im gesamten Gesichtsfeld in
jeder Blickrichtung. Die Aufhebung der absoluten pragmatischen Ökonomie, nach deren
Gesetzen das Schiff geformt und gestaltet ist,
öffnet den Raum für den Zufall und die Gleich-

zeitigkeit des Besonderen, des überall besonders
Speziellen und unbedingt aufmerksam Aufzu-
nehmenden. Jedes Fenster, jeder Trog und jede
Schale, jede Sandale, die halb von einem Fuß
herabhängt, die fremden Zeichen, die leuchtend grell ihre Nichtnachrichten auf die Unkun-
digen der Sprache und Schrift ständig einsenden,
Muster, Risse, Bäume, Adern, Wohnturm-
baustellen, der Abfall der Stadt, die Blicke derer,
die die herumstolpernden Fremden sofort als
Andere erkennen, auf sie zeigen und sie fotografieren, muss registriert, aufgenommen und
erfahren werden. Erst in dieser Überforderung
wird den beiden Künstlern voll bewusst, wie
weit zurückgezogen, weg und draußen sie auf
ihrem Schiff tatsächlich gewesen sind.

Überall dort, wo die touristischen Infrastrukturen noch nicht ausreichend ausgebaut sind,
um reisende Touristen vollumfänglich einzu-
hegen und zu umsorgen, ihnen vom Beginn
bis zum Ende ihrer Reisen das Gefühl der
Obhut zu geben, der Ausrichtung aller um sie
herum stattfindender Bemühungen nach der
Erfüllung ihrer Wünsche und Bedürfnisse
(wofür das Kreuzfahrtschiff emblematisch als
idealer Ort stehen kann), wo sie also noch keinen
Urlaub machen können im Sinne einer Flucht
aus der Komplexität und den Verbindlichkeiten
ihrer Anstellungsverhältnisse und sozialen
Realitäten, müssen Reisende in ferne Erdteile
die Erfahrung fundamentaler Fremdheit der-

gestalt machen, dass sie täglich im öffentlichen Raum als Störungen der Normalität, des normalen Alltags und seines Personals auftreten, und dass man sie als diese Störungen auch sofort erkennt.

Dass der Aufbau solcher touristischer Infrastrukturen, die Erfahrungen fundamentaler Fremdheit durch die Urlauber zu vermeiden versuchen, zwangsläufig immer auch die Erkenntnisse verhindert, die Reisende aus dieser Fremdheitserfahrung gewinnen könnten, denken die beiden Künstler, während sie durch die Straßen der Stadt Qingdao laufen, nach ihrer Disembarkation, in der Provinz Shandong der Volksrepublik China. Und dass das Verständnis von *Gastfreundlichkeit*, vor allem dort, wo der Gast ein zahlender ist, auf die einfache Definition hinausläuft, der Gast möge sich wie zuhause fühlen, womit natürlich ein Phantasma gemeint ist, ein Zuhause, das niemand hat, ein ideales Haus, in dem man wohnt, ohne zu stören und gestört zu werden, in dem die Handtücher immer frisch sind und die Mahlzeiten an den Tisch serviert werden. Der Idealtourist, auf den die für ihn geschaffene Infrastruktur abzielt, ist ein Geflüchteter aus seinen Herkunftsverhältnissen, der aus Furcht vor dem Verlorensein im Fremden einwilligt, in die Simulation einer paradiesischen Häuslichkeit eingeschlossen zu werden, wie sie Jules Verne mit Kapitän Nemos *Nautilus* bereits in

Reinform beschrieben hat. Das Schiff, das die beiden Künstler nach China gebracht hat, ist auf seinem Weg an unzähligen solcher Paradiese in Portugal, Spanien, Marokko, Tunesien, Ägypten, den Malediven, Sri Lanka, Indonesien, Malaysia, Brunei, Vietnam und den Philippinen vorbeigefahren.

Aus ihrer relativen Hilflosigkeit in den Straßen der Stadt Qingdao, dem Reduziertsein aufs Schauen und Staunen, leiten die beiden Künstler die Einsicht ab, dass die Handlungsfähigkeit des Einzelnen, die über die Bestellung genau des einen Cocktails, auf den man gerade Lust hat, hinausgeht, immer mit territorialer Verortung verbunden ist. Mit dem ewig widersprüchlichen Verhältnis der Person zu *ihrem* Ort. Dem Standpunkt, von dem aus gehandelt wird. Wer ewig reist, kann nichts mehr tun.

Auf einer Kreuzung im Stadtbezirk Shibei geht den beiden Künstlern die Kraft aus. Sie winken sich ein Taxi heran, steigen ein und reichen dem Fahrer einen Zettel nach vorne, auf dem die Rezeptionistin ihres Hotels die Adresse in chinesischen Schriftzeichen aufgeschrieben hat. Der Taxifahrer nickt, setzt den Blinker und fährt in eine der sich kreuzenden Straßen hinein und einen steil ansteigenden Hügel hinauf. Während sich das Taxi entfernt, kurbelt ein Junge in kurzen Hosen auf der gegenüberliegenden Seite der Kreuzung die Markise über

einem Gemüsestand zurück. Ein Radfahrer fährt
vorüber und eine Frau, die den Gehweg ent-
langgeht, trommelt sich selbst einen Rhythmus
auf einem leeren Gurkeneimer. Eine Raben-
krähe ist damit beschäftigt, den Deckel einer
Mülltonne, auf dem sie sitzt, so zu verschieben,
dass ein Spalt entsteht, durch den sie mit
ihrem Schnabel an den Inhalt kommen kann.
Jemand spritzt mit einem Schlauch Obstschalen
und Hundekot vom Fußweg in den Rinnstein
und ein Kind wirft einen buntbedruckten
Gummiball aus einem Fenster im vierten Stock
in einen Zwischenhof, in dem Bauschutt ge-
lagert ist. Der Wind hat sich gelegt, die Blätter
an den Bäumen zittern noch ein wenig von
den aufsteigenden Abgasen des Verkehrs. Der
Himmel ist leer und sehr blau.

„Die Funktion des Geheimnisses ist politisch. Ohne Geheimnis würde es keine zivile Gesellschaft und politische Ordnung geben. Das Volk – das ist die von Sisyphus vorgetragene Lehre im Kritias-Fragment – muss in Furcht vor den Göttern gehalten werden, damit es dazu gebracht wird, die Gesetze zu halten und den Staat zu tragen."

Jan Assmann,
Moses der Ägypter

„Das Wesen der Waren-
struktur ist bereits
oft hervorgehoben wor-
den, es beruht darauf,
dass ein Verhältnis,
eine Beziehung zwischen
Personen den Charak-
ter einer Dinghaftigkeit
und auf diese Weise
*gespenstige Gegenständ-
lichkeit* erhält, die in
ihrer strengen, schein-
bar völlig geschlossenen
und rationellen Eigen-
gesetzlichkeit jede Spur
ihres Grundwesens,

der Beziehung zwischen Menschen, verdeckt."

Georg Lukács,
Die Verdinglichung und das Bewusstsein des Proletariats

„Nein, nicht die banale Welt, die ihn umgibt, kann wahr sein, sondern nur das ideale heroische Bild des Lebens, das er, der Ritter von der traurigen Gestalt, in seiner Seele trägt."

Dieter Wellershoff,
Das Schimmern der Schlangenhaut

„*Sur l'eau*. – Auf die Frage nach dem Ziel der emanzipierten Gesellschaft erhält man Antworten wie die Erfüllung der menschlichen Möglichkeiten oder den Reichtum des Lebens. Vielleicht wird die wahre Gesellschaft der Entfaltung überdrüssig und lässt aus Freiheit Möglichkeiten ungenützt, anstatt unter irrem Zwang auf fremde Sterne einzustürmen. *Rien faire comme un bête*, auf dem

Wasser liegen und friedlich in den Himmel schauen, ‚sein, sonst nichts, ohne alle weitere Bestimmung und Erfüllung'."

Theodor W. Adorno,
Minima Moralia

„As it moves at the center of its own panorama, the ship becomes the lost and wandering daughter of the land."

Allan Sekula,
Fish Story

Bordbibliothek

Adorno, Theodor W.: *Minima Moralia*
Aichinger, Ilse: *Die größere Hoffnung*
Anders, Günther: *Die Antiquiertheit des Menschen*,
  zweiter Band
Assmann, Aleida: *Zeit und Tradition*
Assmann, Jan: *Moses der Ägypter*
Bachmann, Ingeborg: *Die Fähre*
Barthes, Roland: *Nautilus und Trunkenes Schiff*
Bauman, Zygmunt: *Retrotopia*
Benn, Gottfried: *Die Reise*
Benn, Gottfried: *Geburtstag*
Blumenberg, Hans: *Arbeit am Mythos*
Blumenberg, Hans: *Ausblick auf eine Theorie der
  Unbegrifflichkeit*
Brasch, Thomas: *Kargo*
Burckhardt, Martin: *Die Philosophie der Maschine*
Coleridge, Samuel Taylor: *Biographia Literaria*
Conrad, Joseph: *The Nigger of the Narcissus*
De Lesseps, Jean Baptiste Barthélemy:
  *Herrn von Lesseps, Gefährten des Grafen de La
  Pérouse Reise durch Kamtschatka und Sibiren
  nach Frankreich*
Exner, Sigmund: *Über allgemeine Denkfehler*
Fischer, Klaus: *Zu den Klippen von Vanikoro*
Frisch, Max: *Der Mensch erscheint im Holozän*
Ǧabarti, Abdarrahman: *Chronik, Bonaparte in
  Ägypten*
Heine, Heinrich: *Über Ludwig Börne*

Herder, Johann Gottfried: *Journal meiner Reise im Jahr 1769*

Hoppe, Felicitas: *Pigafetta*

Klein, Naomi: *This Changes Everything*

Kluge, Alexander: *Theorie der Erzählung*

Lukács, Georg: *Die Verdinglichung und das Bewusstsein des Proletariats*

Marx, Karl: *Ökonomisch-Philosophische Manuskripte*

Marx, Karl: *Zur Kritik der Hegelschen Rechtsphilosophie*

Nadolny, Stan: *Die Entdeckung der Langsamkeit*

Nietzsche, Friedrich: *Vom Nutzen und Nachteil der Historie für das Leben*

Philippus Evangelium: *Spruch 67*

Rehn, Jens: *Nichts in Sicht*

Rimbaud, Arthur: *Das trunkene Schiff*

Sekula, Allan: *Fish Story*

Sophokles: *König Ödipus*

Traven, B.: *Das Totenschiff*

Verne, Jules: *20.000 Meilen unter dem Meer*

Wellershoff, Dieter: *Das Schimmern der Schlangenhaut*

Wikipedia: *freie Enzyklopädie*

Witte, Karsten: *Film im Nationalsozialismus*

Wolf, Ror: *Die Gefährlichkeit der großen Ebene*

Wolf, Ror: *Pilzer und Pelzer*

Impressum

Band #4 der Reihe *Volte expanded*, herausgegeben von
Jörn Dege, Mathias Zeiske und Jan Wenzel

Gestaltung und Satz: Hannes Drißner, Spector Bureau
Korrektorat: Amy Wittenberg
Druck und Bindung: optimal media GmbH, Röbel

Erschienen bei Spector Books, Leipzig
www.spectorbooks.com

Überfahrt wurde durch das Grenzgänger-Programm der
Robert Bosch Stiftung und des Literarischen Colloquiums
Berlin gefördert.

Die Autoren danken dem Mare Verlag und der Roger
Willemsen Stiftung für die Unterstützung ihrer Arbeit.

Vertrieb:
DE/AT: GVA, Gemeinsame Verlagsauslieferung
Göttingen GmbH & Co. KG, www.gva-verlage.de
CH: AVA Verlagsauslieferung AG, www.ava.ch

Erste Auflage
Printed in Germany

ISBN: 978-3-95905-369-3